Kerstin Friedrich · Lothar J. Seiwert · Edgar K. Geffroy

# Das neue 1x1 der Erfolgsstrategie

„Wer nichts für andere tut,
tut nichts für sich."
Johann Wolfgang von Goethe

Kerstin Friedrich · Lothar J. Seiwert · Edgar K. Geffroy

# Das neue 1x1 der Erfolgsstrategie

**EKS® – Erfolg durch Spezialisierung**

▶ **4 Prinzipien der Erfolgsstrategie**
▶ **7-Phasen-Programm der EKS zur Marktführung**
▶ **7 Erfolgsbeispiele zur EKS-Strategie-Umsetzung**

(EKS = Engpass-Konzentrierte Strategie nach W. Mewes)

Mit einem Geleitwort von Wolfgang Mewes

9. Auflage

Die Deutsche Bibliothek – CIP-Einheitsaufnahme
Ein Titeldatensatz für diese Publikation ist bei
der Deutschen Bibliothek erhältlich.

ISBN 3-89749-195-8

Dieses Buch ist die komplett überarbeitete und erweiterte Ausgabe
des bereits in 7 Auflagen erschienenen Werks „Das 1x1 der Erfolgsstrategie" (insgesamt über 80.000 verkaufte Exemplare).

| | |
|---|---|
| **Lektorat:** | Dr. Sonja Klug, Bad Honnef |
| **Konzeption und Projektleitung:** | Peter Sawtschenko, Roßdorf |
| **Illustrationen:** | Bengt Fosshag, Frankfurt |
| **Layout, Satz und Lithos:** | Katja Tessier, Roßdorf |
| **Umschlaggestaltung:** | +malsy Kommunikation und Gestaltung, Bremen |
| **Umschlagmotiv:** | EKS – Die Strategie Wolfgang Mewes GmbH |
| **Druck:** | Salzland Druck, Straßfurt |

9. Auflage 2003
© 2002 GABAL Verlag GmbH, Offenbach

EKS ® ist ein geschütztes Warenzeichen (jetzt „Marke") der „EKS – Die
Strategie Wolfgang Mewes GmbH", Pfungstadt

www.gabal-verlag.de
More success for you!

# Geleitwort

Ihr Erfolg, liebe Leserin, lieber Leser, hängt weniger von der Größe Ihrer Intelligenz, Ihrer Kenntnisse oder Ihrer Mittel ab, sondern ganz entscheidend von Ihrer Strategie, d. h. der Art, wie Sie Ihre Kräfte und Mittel einsetzen.

Da unter Strategie häufig Verschiedenes verstanden wird, wird fast jede Form von durchdachtem Vorgehen als Strategie bezeichnet. Strategie in unserem Sinne bedeutet: **Konzentration Ihrer Kräfte auf das Wesentliche an der entscheidenden Stelle.**

Solange Sie Ihre Strategie nicht von Grund auf in die richtigen Bahnen lenken, werden Sie automatisch von Jahr zu Jahr verzettelter, unsicherer und erfolgloser werden. Die EKS ist die Lehre vom effektiven Einsatz jeder Art von Energien. Ihre Gesetze gelten systemübergreifend, ob im biologischen, sozialen oder wirtschaftlichen Kräfte-Wettbewerb.

Ob Sie Ihren Firmen- oder Abteilungserfolg, Ihr (Selbst-) Management oder Ihre Karriere verbessern wollen – Sie müssen Ihre Kräfte bündeln und auf den kybernetisch wirkungsvollsten Punkt konzentrieren. Erfolgreiche Unternehmer und Führungskräfte haben von jeher – bewusst oder unbewusst – eine bestimmte Strategie angewandt. Die von mir entwickelte EKS-Strategie zeigt auch Ihnen den Weg zu konkurrenzlosen Spitzenleistungen.

Die Autoren, Dr. **Kerstin Friedrich,** Prof. Dr. **Lothar J. Seiwert** und **Edgar K. Geffroy,** wenden alle drei seit vielen Jahren die EKS äußerst erfolgreich an. Ihnen ist es in diesem Band ausgezeichnet gelungen, die wesentlichen Elemente der EKS nicht nur übersichtlich und konsequent durchstrukturiert, sondern auch anschaulich und leserfreundlich, dazu didaktisch-methodisch bestens aufbereitet, darzustellen. Dabei kam ihnen auch ihre Praxis als Seminarleiter und Unternehmensberater zugute.

Der Mensch ist nicht am Ende seiner Fähigkeiten, sondern erst am Anfang. Nicht Krisenbewältigung, sondern Chancenmanagement ist gefragt. In diesem Sinne wünsche ich Ihnen mit der EKS das Beste für Ihre erfolgreiche Zukunft.

Wiesbaden, im Januar 2003          **Wolfgang Mewes**
EKS-Urheber

# Inhalt

# Inhalt

Liebe Leserin, lieber Leser,

wenn sich drei Erfolgsautoren zusammentun, um über die herausragendste aller Erfolgsmethoden, die EKS, zu schreiben, kann dabei nichts anderes als ein Bestseller herauskommen. **Das „neue" 1x1 der Erfolgsstrategie** ist wie sein höchst erfolgreicher Vorgänger eine überaus gut gelungene Einführung in die Engpass-Konzentrierte Strategie.

Über 70.000 Menschen haben bereits den EKS-Fernlehrgang absolviert. Unzählige sind dadurch sehr viel erfolgreicher geworden, viele sogar nationale oder internationale **Marktführer**. Dank dieser Strategie wurden sie nicht erfolgreicher, weil sie sich noch stärker anstrengten, sondern weil sie ihre Energien und Ressourcen strategisch klüger einsetzten.

Nach vielen jahrzehntelangen Erfahrungen mit der EKS kann ich Ihnen mit gutem Gewissen sagen: Sie können lernen, arbeiten, produzieren, sparen und investieren, so viel Sie wollen. **Solange Sie nicht über die richtige Strategie verfügen, werden Sie sich immer verzetteln und Energien verschwenden.** Mit der EKS werden Sie dagegen um ein Vielfaches erfolgreicher werden. Dass dies keine leeren Worte sind, können Sie an den Beispielen erfolgreicher EKS-Anwender überprüfen.

Die **Fallstudien** sind – neben einigen methodischen Änderungen – die wichtigste Innovation dieser Neuauflage. Alle Beispiele zeigen, wie man so genannte „Branchengesetze" auf den Kopf stellt und wie man mit der richtigen Strategie und entsprechendem Einsatzwillen in ungeahnte Dimensionen des Erfolges vorstoßen kann. Genau dies wünsche ich Ihnen auch!

**Michael Lammersdorf**
Geschäftsführer der EKS – Die Strategie Wolfgang Mewes GmbH

Die „EKS – Die Strategie Wolfgang Mewes GmbH" in Pfungstadt ist Inhaberin aller Nutzungsrechte der EKS und Herausgeberin des EKS-Fernlehrganges.

# Was ist EKS?

„ERFOLG IST EINZIG UND
ALLEIN EINE FRAGE DER
RICHTIGEN STRATEGIE."
(W. MEWES)

### Die Strategie der erfolgreichsten Unternehmen

Haben Sie sich nicht schon oft gefragt, warum manche **Unternehmen anderen** immer um Längen **voraus** sind? Und zwar selbst dann, wenn der Wettbewerb immer härter und unberechenbarer wird? Ist es Zufall, Glück, Begabung oder überdurchschnittliche Risikobereitschaft?

Diese Frage ließ auch dem Systemforscher **Wolfgang Mewes** keine Ruhe. Er analysierte die herausragenden Erfolge von mehreren tausend Führungskräften und Unternehmen. Dabei fand er heraus, dass sie alle – ob bewusst oder unbewusst – nach einer ähnlichen Strategie vorgingen. Mewes kam zu dem Ergebnis: **Erfolg ist einzig und allein eine Frage der richtigen Strategie!**

### So finden Sie den Weg zu konkurrenzlosen Spitzenleistungen

EKS = ENGPASS-
KONZENTRIERTE
STRATEGIE

**Mewes** gelang es in den 70-er Jahren, die gemeinsame Ursache der größten Unternehmens- und Karriereerfolge in eine Methodik zu fassen, die er „EKS" nannte und in einem Fernlehrgang publizierte. Seitdem ist es jedermann möglich, **strategisches Denken und Handeln** zu erlernen. Denn strategisches Denken ist eine **„Schlüsseltechnologie"**: Es bestimmt darüber, wie und mit welchem **Erfolg** Sie Ihre **Kräfte** und Mittel **einsetzen** können.

### Wer kann mit der EKS-Strategie erfolgreich werden?

EKS-ANWENDER

Die EKS-Strategie eröffnet jedem **Unternehmen** neue Perspektiven – ob Dienstleistungs-, Handwerks- oder Industriebetrieb –, egal, ob es zwei, zweihundert oder zweitausend Mitarbeiter hat. Zudem können Sie die EKS-Strategie auch als **Angestellter, Freiberufler** oder Wissenschaftler anwenden – sie funktioniert immer dort, wo Menschen miteinander und füreinander arbeiten. Unzählige EKS-Anwender haben gezeigt, dass man selbst mit beschränktesten Kräften Marktführer werden kann – es kommt lediglich darauf an, wie und worauf man seine **Kräfte konzentriert.** Bekanntlich kann selbst eine Hornisse einen Elefanten außer Gefecht setzen – wenn sie ihre Kräfte richtig einsetzt.

## Bewährte Erfolgsgesetze

Die EKS basiert auf Millionen Jahre alten Erfolgsprinzipien. Denn wie man sich erfolgreich entwickelt und behauptet, lässt sich sehr schön anhand der Evolutionsgeschichte nachvollziehen: Das **wichtigste Überlebensprinzip der Natur** entdeckte bekanntlich Charles Darwin: das „survival of the fittest".

Langfristig erfolgreich sind demnach nicht die stärksten Spezies, sondern diejenigen, die sich am besten den sich **verändernden Umweltbedingungen** anpassen können. Das Gleiche gilt auch für soziale Systeme, wie beispielsweise Unternehmen; auch diese haben sich ihren „Umweltbedingungen" anzupassen: den Kundenwünschen, dem technischen Fortschritt, den Mitarbeitern, den Konkurrenten und vielen anderen Faktoren. Die EKS zeigt auf, wie man die unterschiedlichen Wachstumsfaktoren im Blick hat und sich frühzeitig auf drohende Engpässe im eigenen Unternehmen oder bei der Zielgruppe konzentrieren kann (daher der Name „Engpass-Konzentrierte Strategie").

**„ENGPASS-KONZENTRIERTE STRATEGIE BEDEUTET KONKURRENZLOSE SPITZENLEISTUNGEN"**

**DIE EVOLUTION ZEIGT DEN WEG**

## Wie dieses Erfolgsprogramm für Sie konzipiert wurde

„Das **neue** 1x1 der Erfolgsstrategie" fasst für Sie die wichtigsten Prinzipien und Umsetzungsschritte der EKS zusammen.

▶ Die **vier Erfolgsprinzipien der EKS** finden Sie auf jeweils einer Doppelseite im Überblick.

▶ Die **sieben Umsetzungsschritte** zur Marktführung sind ebenfalls auf einer Doppelseite dargestellt und visuell aufbereitet.

▶ Zu jeder Umsetzungsphase finden Sie auf sechs Seiten jeweils ein Beispiel für die **erfolgreiche Anwendung** der EKS von Unternehmern oder Freiberuflern, die zum Marktführer geworden sind. In jedem dieser **Best-practice-Fälle** können Sie alle sieben Umsetzungsschritte nachvollziehen.

**2-SEITEN-METHODE**

Am meisten werden Sie von diesem Buch profitieren, wenn Sie sofort nach der Lektüre der einzelnen Phasen die entsprechenden Umsetzungsschritte auf Ihre eigene Situation anwenden.

Und nun wünschen wir Ihnen viel Spaß bei der Lektüre und viel Erfolg!

# Wie stark handeln und denken Sie strategisch?

| Strategische Selbsteinschätzung | fast immer | je nach- dem | fast nie |
|---|---|---|---|
| **1.** Inwieweit arbeiten Sie nach klar definierten **Unternehmenszielen**? | ☐ | ☐ | ☐ |
| **2.** Können Sie zielsicher auf **Veränderungen** der Rahmenbedingungen reagieren? | ☐ | ☐ | ☐ |
| **3.** Berücksichtigen Sie bei Ihren marktbedingten Aktivitäten Ihre relativen Stärken und **Erfolgspotenziale**? | ☐ | ☐ | ☐ |
| **4.** Wenn Sie **Informationen** aufnehmen, wissen Sie dann genau, was für Sie wirklich strategisch wichtig ist? | ☐ | ☐ | ☐ |
| **5.** Richten Sie Ihre Aktivitäten auf eine klar definierte **Zielgruppe** aus, die Sie fest im Auge haben? | ☐ | ☐ | ☐ |
| **6.** In welcher Intensität denken Sie an bessere **Problemlösungen** für Ihre Zielgruppe? | ☐ | ☐ | ☐ |
| **7.** Setzen Sie neue **Impulse** etc. auch konsequent genug um, statt diese irgendwo abzulegen und zu vergessen? | ☐ | ☐ | ☐ |
| **8.** Wenn Sie eine **Entscheidung** treffen müssen, haben Sie dann feste Kriterien für Ihre Entscheidungsfindung? | ☐ | ☐ | ☐ |
| **9.** Schaffen Sie es, über Ihr **Tagesgeschäft** hinaus auch mittel- und langfristig wichtige Dinge anzupacken? | ☐ | ☐ | ☐ |
| **10.** Reservieren Sie sich regelmäßig **strategische Planungszeit**, um Ihre gesamte Geschäftspolitik zu überprüfen? | ☐ | ☐ | ☐ |
| **Gesamtpunktzahl** (Summe aller Kreuzchen) Multiplizieren Sie die Spaltenergebnisse mit | Σ x3= | Σ x2= | Σ x1= |

▶ Addieren Sie die Ergebnisse zu Ihrem persönlichen **Strategie-Wert**: ⬭

**HAT IHR STRATEGIE-WERT**

**Auswertung:**

**10 – 15 PUNKTE:** Sie betreiben im Allgemeinen noch **kein strategisches Zeit- und Erfolgsmanagement** und verzetteln sich in Ihrer Selbstorganisation und Tagesgestaltung. „**Das neue 1x1 der Erfolgsstrategie**" hilft Ihnen, Ihre Prioritäten strategisch besser zu setzen und Ihre Kräfte besser zu konzentrieren.

**16 – 22 PUNKTE:** Sie versuchen, Ihr Zeit- und Erfolgsmanagement strategisch auszurichten; es mangelt Ihnen jedoch ein **wenig** an **Systematik und Konsequenz**, um damit auch den entscheidenden Durchbruch zu erzielen. „**Das neue 1x1 der Erfolgsstrategie**" hilft Ihnen, Ihre persönliche Erfolgsstrategie zu entwickeln und konkrete Maßnahmen sowie erste Umsetzungsschritte zu planen.

**23 – 30 PUNKTE:** Ihr **strategisches Zeit- und Erfolgsmanagement** kann bereits als **gut** bezeichnet werden. Sie konzentrieren sich konsequent auf das Wichtige. Weiter so! „**Das neue 1x1 der Erfolgsstrategie**" hilft Ihnen, noch erfolgreicher zu werden und Ihre Erfolge dauerhaft abzusichern.

# Die vier Prinzipien der Erfolgsstrategie

Einen zusammenfassenden Überblick über die vier Grund-
prinzipien der EKS zeigt Ihnen das folgende Schaubild:

DIE ERFOLGSSTRATEGIE

**1. PRINZIP**  **2. PRINZIP**  **3. PRINZIP**  **4. PRINZIP**

Immaterielles vor Materiellem

Konzentration statt Verzettelung

Nutzen-maximierung

Minimum-prinzip

# Konzentration und Spezialisierung

## Durch Spezialisierung zur Spitzenleistung

Nur der Spezialist, der seine Stärken voll und ganz einsetzt, kann **Spitzenleistungen bieten**. Darum lautet die wichtigste Voraussetzung für eine erfolgreiche Strategie: **Konzentration der Kräfte** und Spezialisierung auf das,

► was Sie am besten beherrschen und
► womit Sie Ihren **Kunden** den größten Nutzen bieten können.

Statt eines breiten, diversifizierten Angebotes müssen Sie sich spitz auf eine Marktnische konzentrieren, in der Sie die **Nr. 1 werden**. Dies stellt die Ansicht vieler Unternehmen, die auf Diversifikation zur „Verringerung des Risikos" setzen, geradezu auf den Kopf. Aber die Diversifikation führt, wie Sie sehen werden, letztlich nur zur Verzettelung. Und durch Verzettelung wird das unternehmerische Risiko nicht verringert, sondern erhöht.

## Wer sich verzettelt, bleibt durchschnittlich

**KEINE DIVERSIFIKATION**

Misserfolge und Konkurrenzdruck sind meistens die Folge eines entscheidenden Strategiefehlers: der **Verzettelung der Kräfte**. Denn wer auf vielen Märkten eine ganze Reihe von **Leistungen** anbietet, kann **allenfalls durchschnittlich** werden. Je mehr Sie Ihre Kräfte verzetteln, desto schwieriger wird es, etwas ganz Besonderes zu leisten. Und etwas wirklich Besonderes müssen Sie heute schon anbieten, um attraktiver zu sein als Ihre Konkurrenz.

## Übung macht den Meister

Wer sich auf eine bestimmte Aufgabe konzentriert und spezialisiert, verzeichnet über permanente Wiederholungen und die Weiterentwicklung seiner **Problemlösungsfähigkeit** automatisch **Lerngewinne**. Diese Gesetzmäßigkeit können Sie besonders gut im Sport beobachten: Erstens sind Spitzenathleten stets auf eine Disziplin spezialisiert, und zweitens können sie nur durch konsequentes **Training**, also **Wiederholungen**, nach vorn kommen.

### Nur durch Spezialisierung können Sie Marktführer werden

Die Konzentration der Kräfte und die Spezialisierung haben eine ganze Reihe positiver Folgen: Sie führen zu steigender **Effizienz**, besseren **Leistungen** und steigenden **Umsätzen**. Dadurch bietet sich häufig Raum für **Preissenkungen**, was zu mehr **Nachfrage** und letztlich steigenden **Gewinnen** führt. Und Sie gewinnen eine immer stärkere **Marktstellung** und mehr **Marktmacht**.

**„EIN HUND, DER VIELE HASEN JAGT, FÄNGT LETZTLICH KEINEN."** (JÄGERWEISHEIT)

### Die Nr. 1 zu sein hat viele Vorteile

▶ Der Marktführer hat die denkbar **beste Position** auf dem Markt: Er kann selbst auf einem sehr kleinen **Nischenmarkt** überproportional erfolgreicher und sicherer agieren als ein durchschnittlicher Wettbewerber auf einem großen Markt.

**MARKTFÜHRER**

▶ Der Marktführer ist bekannt und glaubwürdig. Man vermutet bei ihm die **größte Kompetenz**; er ist der **Trendsetter** und hat das **geringste Innovationsrisiko**. Der Marktführer genießt nicht nur finanzielle, sondern auch psychische und emotionale Vorteile. Die **Ausstrahlung des Ersten** ist wesentlich größer als die des Mittelmäßigen – ein Phänomen, das gleichsam naturgesetzlichen Rang hat.

### Warum der Spezialist erfolgreich werden muss

Die enormen Vorteile des Spezialisten, dem es gelungen ist, die **Nr. 1** auf seinem Markt zu werden, sind relativ leicht zu erklären: Je unübersichtlicher die Märkte und das Angebot werden, desto mehr suchen Kunden, Geschäftspartner, Mitarbeiter und Kapitalanleger nach einem dominierenden **Orientierungspunkt** – und das ist der **Marktführer**.

Ihm fließen Aufträge, Informationen, Ideen, Mitarbeiter, Kapital, Lieferantenzugeständnisse, **Kooperationsangebote**, selbst die Unterstützung der **Medien** und der Behörden eher zu als einem weniger bekannten Konkurrenten. Auch hier gelten die Regeln des Sports: Der **Sieger** genießt Anerkennung, Popularität, die Gunst der Medien und der Sponsoren, während der Zweite kaum noch beachtet wird – selbst wenn er nur um eine hundertstel Sekunde geschlagen worden ist.

# Minimumprinzip

## Denken Sie vernetzt statt linear!

Märkte und Unternehmen sind – genau wie biologische Organismen – **vernetzte Systeme**. Das bedeutet: **Veränderungen** eines Elementes führen unweigerlich zu Veränderungen anderer Elemente; das heißt, sie wirken immer auf das **gesamte System**.

## Nicht wie, sondern wo Sie zuschlagen, ist entscheidend

DER WIRKUNGSVOLLSTE
PUNKT

In **vernetzten Systemen** kommt es nicht darauf an, möglichst viele Kräfte einzusetzen, sondern die **vorhandenen Kräfte** auf den jeweils **wirkungsvollsten Punkt** zu richten. Wenn Sie in vernetzten Systemen den zentralen Problemknoten lösen, ist die Folge eine **Kettenreaktion**: Die mit dem Kernproblem zusammenhängenden **Probleme** lösen sich automatisch einfacher. Je **dichter** die Vernetzungen werden – und genau das geschieht zur Zeit auf allen Märkten – desto wichtiger ist es, genau auf den **wirkungsvollsten** Punkt zu **zielen**, statt sich immer mehr anzustrengen und immer größere Kräfte einzusetzen.

## David gegen Goliath – ein beispielhafter Volltreffer

VERNETZTE SYSTEME
WERDEN VON ZENTRALEN
PUNKTEN AUS GESTEUERT

Dass nicht die Größe der eingesetzten Kräfte, sondern ihre exakte Positionierung ausschlaggebend ist, zeigt die Legende von David und Goliath. Ihr zufolge soll der schmächtige Hirt David den kräftemäßig weit überlegenen Riesen Goliath besiegt haben – und zwar aus einem einfachen Grund: Er **konzentrierte** seine **Kräfte** auf den so genannten wirkungsvollsten Punkt, nämlich Goliaths Stirn. Denn auch der menschliche Körper ist ein vernetztes System, das von einigen zentralen Punkten aus gesteuert werden kann. Sie sollten den **wirkungsvollsten Punkt** des für Sie relevanten Systems „Markt" oder „Unternehmen" nicht dazu missbrauchen, Ihre Konkurrenten k.o. zu schlagen, sondern um Ihren Kunden den **größtmöglichen Nutzen** zu bieten!

### Die Kunst des Managements: die Natur weist den Weg

Der wirkungsvollste Punkt ist in der Praxis selten so klar sichtbar wie im Beispiel von David und Goliath. Die Kunst des Managements besteht aber gerade darin, in der hochkomplexen Welt aus der Masse der Probleme das **Kernproblem** herauszuschälen, durch dessen Lösung die damit verbundenen Probleme automatisch verschwinden.

Wie man in vernetzten Systemen den wirkungsvollsten Punkt trifft, hat bereits vor 150 Jahren der Naturwissenschaftler **Justus von Liebig** entdeckt, als er nach den Ursachen des **Pflanzenwachstums** forschte. Er stellte fest, dass eine Pflanze vier Elemente zum Wachstum braucht. Wenn nur eines dieser Elemente fehlt, wächst sie nicht mehr weiter – selbst dann, wenn alle übrigen Faktoren im Überfluss vorhanden sind.

Die Kunst besteht also darin, einem System – in Ihrem Falle: Ihrer Zielgruppe oder Ihrem Unternehmen – immer den jeweiligen **Engpass-Faktor zuzuführen**, also dasjenige, was aktuell zur Weiterentwicklung benötigt wird.

### Doppeltes Engpass-Prinzip der EKS

Die EKS nutzt den von Liebig entdeckten Zusammenhang zwischen **Engpassfaktoren** und **Wachstum** gleich zweifach:

▶ Der **interne Minimumfaktor** zeigt Ihnen Ihren betrieblichen (oder persönlichen) **Engpass**, also ein Problem, das Ihr Unternehmen (oder Sie) daran hindert, optimale Leistungen für die Zielgruppe bereitzustellen.

▶ Der **externe Minimumfaktor** begrenzt die Entwicklung und den Erfolg der **Zielgruppe**. Wer dieses Problem löst, hat die besten Chancen, sich selbst optimal weiterzuentwickeln. Der externe Minimumfaktor hat stets Vorrang vor dem internen: Ermitteln Sie zuerst, was Ihre Zielgruppe wünscht und benötigt und konzentrieren Sie sich dann auf die optimale Lösung.

**„DURCH BESEITIGUNG DES ENGPASSES ODER MINIMUMFAKTORS KÖNNEN SIE ZUM MARKTFÜHRER WERDEN."**

JUSTUS VON LIEBIG

ENGPASS

EXTERNER VOR INTERNEM MINIMUMFAKTOR

# Immaterielle vor materiellen Vorgängen

„ALLE BILANZEN
SIND FALSCH."
(W. MEWES)

## Nicht das Kapital, sondern der Geist macht erfolgreich

Der Erfolg eines Unternehmens wird nicht von dem bestimmt, was in seinen Bilanzen steht – also den materiellen Besitztümern –, sondern von dem, was sich nur schwerlich zählen, messen oder wiegen lässt: Image, Know-how, Servicebereitschaft, Motivation, Innovations- und Veränderungsfähigkeit.

Gute Unternehmer und Manager haben schon immer gewusst, dass es oft wesentlich wichtiger ist, die **immateriellen Werte** zu fördern, statt sich übermäßig mit materiellen Dingen wie Bilanzkennzahlen und Controllingberichten zu beschäftigen. Ebenso wissen sie, dass man Entscheidungen nicht nach ihrer Wirkung auf Liquidität und Gewinn fällt, sondern danach, welche Wirkungen sie auf die immateriellen Verhältnisse haben. Wenn die immaterielle, die geistige, Basis stimmt, verbessern sich die materiellen Verhältnisse von ganz allein.

## Alle Materie wurzelt im Immateriellen

ERST DER GEIST,
DANN DIE MATERIE

Alle **materiellen** Transaktionen, die sich im Unternehmen auf der Umsatzseite niederschlagen, waren irgendwann einmal ein Problem, ein Wunsch, ein Bedürfnis – also etwas **Immaterielles**. Durch die Bedürfnisse der Kunden, die sich in konkreter Nachfrage und Zahlungsbereitschaft äußern, entstehen Produkte und Produktionsanlagen. Damit es dazu kommt, braucht man wieder etwas Immaterielles: nämlich beispielsweise das Vertrauen des Kunden in den Anbieter oder das Wissen, wie man Produktions- und Vertriebsprozesse organisiert.

SOWOHL-ALS-AUCH-PRINZIP

Das bedeutet nicht, dass man die **materielle Seite** vernachlässigen soll. Im Gegenteil: beide Ebenen müssen angemessen berücksichtigt werden. Da aber die **immateriellen** Verhältnisse auf die materiellen einen stärkeren Einfluss haben als umgekehrt, sollte man sie in der Entscheidungsfindung auch entsprechend stärker berücksichtigen.

18

### Welche immateriellen Werte sind wichtig?

Je besser man die immateriellen Vorgänge erkennt und beeinflusst, desto besser sind die materiell-finanziellen Ergebnisse. Die EKS setzt darum immer an den **immateriellen Vorgängen** an: den geistig-seelischen, emotionalen und energetischen Ebenen. Vor allem zwei Arten immaterieller Werte sind im Rahmen der EKS wichtig: die Spannungen und die Lerngewinne.

„WAS DIE ZIELGRUPPE FÜR IHRE ENTWICKLUNG BRAUCHT, WIRD BEGEISTERT NACHGEFRAGT."

ZWEI WICHTIGE WERTE

### Die Spannungen: Triebfeder der Veränderungen

Wünsche, Bedürfnisse, Ängste, Visionen, Erwartungen, Probleme, Intuition – alle diese „Zustände" sind die Triebfeder menschlichen Handelns. Immer dann, wenn zwischen Ist- und Sollzustand eine Differenz auftritt, erleben wir **Spannungszustände**, die uns zum Handeln und zu Verhaltensänderungen motivieren. Spannungen sind Energiezustände, die sich in Aktionen und Veränderungen entladen. Der eigene Erfolg hängt nicht davon ab, wie hart man arbeitet und wie sehr man sich anstrengt, sondern davon, wie gut es gelingt, die im Umfeld vorhandenen Spannungen zum eigenen Vorteil zu nutzen.

SPANNUNGEN NUTZEN

### Spannungen wirken im Engpass immer am stärksten

Ein Wasserkraftwerk baut man beispielsweise nicht an der breitesten Stelle des Flusses, sondern dort, wo die Strömung am schnellsten – das heißt, der Engpass am größten – ist.
Wer besonders große Engpässe (= Spannungszustände) bei seiner Zielgruppe trifft, kann sich der größten Akzeptanz und der größten Wirkung seines Angebotes sicher sein.

### Die Lerngewinne: das wichtigste Arbeitsentgelt

An jeder Arbeit verdient man doppelt: einmal Geld, zum anderen **Lerngewinne**, also den Zuwachs an Know-how, Effizienz, Innovationsideen, Souveränität und Sicherheit. Der große Vorteil des Spezialisten liegt darin, dass er sein Know-how immer wieder auf die gleiche Weise schärft und vertieft. In dem Maße, wie **Wissen und Know-how** über den Erfolg bestimmen – und das wird in Zukunft immer mehr der Fall sein –, werden die Lerngewinne eine immer größere Bedeutung erlangen.

DER VORTEIL DES SPEZIALISTEN

# Nutzen- vor Gewinnmaximierung

„WER STETS DEN NUTZEN
SEINER ZIELGRUPPE
STEIGERN WILL, ERZIELT
SEINEN GEWINN
AUTOMATISCH."

### Das richtige Ziel entscheidet über Ihren Erfolg

In jedem Unternehmen werden täglich unzählige **Entscheidungen** getroffen. Für welche Alternative Sie sich jeweils entscheiden, wird von den **Zielen** bestimmt: Diese legen fest, was man für wichtig oder unwichtig hält, was man anstrebt oder ablehnt, was man beachtet oder ignoriert. Je besser die Zielsetzung eines Unternehmens, desto besser laufen die **Informationsprozesse**, die Entscheidungen und die gesamte **Entwicklung**.

### Warum Gewinnmaximierung kein dauerhaft sinnvolles Ziel ist

NUTZEN-ORIENTIERUNG

Das Ziel eines Unternehmens liegt darin, möglichst hohe Gewinne einzufahren – so zumindest sehen es heute viele Theoretiker und Praktiker. **Wolfgang Mewes** fand jedoch heraus, dass die langfristig wirklich erfolgreichen Unternehmen stets alles daransetzen, ihren **Kunden** den optimalen Nutzen zu bieten. Sie bewerten also die **Nutzenmaximierung höher als** die **Gewinnmaximierung**. Diese Gewinne sind jedoch die zwangsläufige Folge der Nutzenmaximierung und nicht das oberste Firmenziel.

### Gewinne dienen dem Allgemeinwohl – oder nicht?

Das direkte Profitstreben widerspricht allen Naturgesetzen. In der **Evolution** sind Egoisten – und nichts anderes sind reine Gewinnmaximierer – ausgestorben. Doch wo würde unsere **Gesellschaft** heute stehen, wenn es keine Gewinne für Investitionen, Arbeitsplätze oder als Steuerquelle gäbe? Demnach gäbe es ohne Gewinn keinen Nutzen für die Umwelt.

Ist die **Gewinnmaximierung** also doch wichtiger als die **Nutzenmaximierung**? Beides ist wichtig – doch die Kausalität verläuft genau anders herum: Der Gewinn steigt umso stärker, je mehr man sich am Nutzen der Umwelt orientiert. Denn mit dem steigenden **Nutzen** wachsen **Interesse** und **Nachfrage** und damit der **Umsatz** und die **Stückzahlen** von ganz allein. Diese Nutzenstrategie ist die „indirekte Gewinnmaximierung".

### Kleiner Unterschied – große Wirkung

Der Unterschied zwischen der **direkten** und **indirekten**, d. h. nutzenorientierten **Gewinnmaximierung** mag zwar auf den ersten Blick gering erscheinen, doch er ist strategisch entscheidend. Das erkennen Sie schon an den unterschiedlichen Instrumenten, mit denen beide Ziele erreicht werden können:

▶ **Direkte Gewinnmaximierung** können Sie schlimmstenfalls nur über Betrug und Raub oder über aggressiven Verkauf und Machtausübung erreichen.

▶ Zur **indirekten Gewinnmaximierung** dagegen gibt es nur einen Weg: nämlich den Nutzen für die Umwelt – besser noch für Ihre fest umrissene **Zielgruppe** – zu steigern.

Besonders erfolgreiche Unternehmer haben es uns vorgemacht, z.B. Henry Ford oder Gottlieb Duttweiler.

> „WENN SIE DIE PROBLEME ANDERER LÖSEN, GEWINNEN SIE AM MEISTEN."

### Werden Sie in sieben Schritten zum besten Nutzenanbieter für Ihre Zielgruppe!

Mit Hilfe der EKS-Strategie sind Sie in der Lage, den Nutzen für Ihre Zielgruppe und als indirekte Folge davon Ihre Gewinne konsequent zu steigern. Wie das im Einzelnen geht, hat **Wolfgang Mewes** in seinem **Sieben-Phasen-Programm** genau beschrieben:

▶ (1) Von der **Stärken-Analyse** und der

▶ (2) Suche nach dem passenden **Spezialgebiet** sowie der

▶ (3) Auswahl der erfolgversprechendsten **Zielgruppe**

▶ (4) über die **Problemanalyse** innerhalb der Zielgruppe,

▶ (5) die notwendige **Innovation** und

▶ (6) geschickte **Kooperation** bis zur

▶ (7) Spezialisierung auf ein **konstantes Grundbedürfnis**.

Das Sieben-Phasen-Konzept ist in jeder Situation und von jedem Menschen anwendbar – und zwar ganz gleich, ob Sie damit den **Erfolg** Ihres **Unternehmens** oder Ihre eigene **Karriere** fördern wollen.

# Das 7-Phasen-Programm der EKS zur Marktführung – mit 7 Beispielen erfolgreicher Anwender

### Einführung zu den EKS-Erfolgsbeispielen

Die EKS ist eine Strategie, die in jeder Art von sozialem System funktioniert. Da sie auf naturgesetzlichen Grundlagen beruht, ist sie allgemein gültig. Das macht die Anwendung mitunter sehr einfach – nämlich dann, wenn man sehr schnell auf zentrale Engpässe stößt und von dort **kettenreaktionsartige Verbesserungen** auslöst. Doch nicht immer liegen die Spezialgebiete, Engpässe oder Zielgruppen offen auf der Hand, denn so vielfältig und komplex wie unsere Welt sind auch die Möglichkeiten, die sich mit der EKS eröffnen. Besonders nützlich sind praktische Umsetzungen der EKS. Die hier folgenden Beispiele sollen Ihnen die Bandbreite der EKS-Einsatzmöglichkeiten in **Unternehmen** aufzeigen. Natürlich können Sie die EKS auch in allen anderen Institutionen wie Behörden oder Non-Profit-Organisationen anwenden, und sie funktioniert ebenso als Karrierestrategie.

### Was Sie aus den Beispielen lernen können

Es gibt viele tausend erfolgreiche EKS-Anwender – darunter milliardenschwere Großunternehmen wie hoch bezahlte Spezialisten. Die folgenden Unternehmen sind nicht wegen ihrer gigantischen Umsätze oder Renditen in dieses Buch aufgenommen worden, sondern weil in jedem die EKS besonders intelligent eingesetzt wurde. Sie werden anhand der Beispiele vor allem den Unterschied zwischen **technischen** und **sozialen Spezialisierungen** erkennen: zum einen die Konzentration auf bestimmte Produkte oder Leistungen, zum anderen diejenige auf Zielgruppen und soziale Grundaufgaben.

### Wie die Beispiele aufgebaut sind

Im „Normalfall" geht man die sieben Phasen der EKS nacheinander durch, wobei die Ergebnisse der Phasen aufeinander aufbauen. Dies kann von Fall zu Fall jedoch durchaus variieren: wo beispielsweise eine Zielgruppe von vornherein feststeht, braucht man keine ausführlichen Analysen durchzuführen. Die meisten der folgenden Fälle orientieren sich strikt an den sieben Phasen – andere weichen davon ab. Dies ist in der EKS-Umsetzung zuweilen völlig normal.

# Wie laufen die 7 Phasen ab?

**Das 7-Phasen-Programm zur Marktführung und Spitzenleistung:**

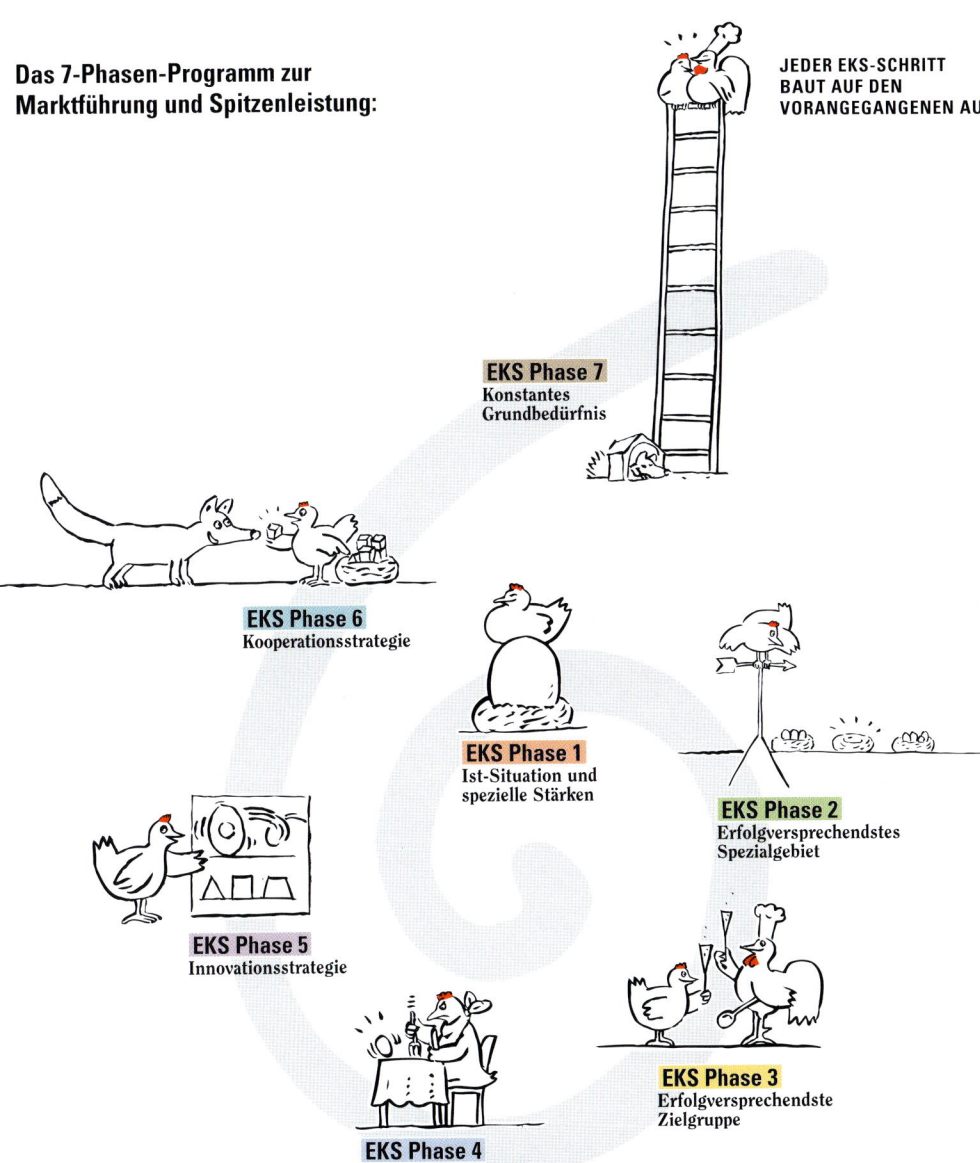

JEDER EKS-SCHRITT
BAUT AUF DEN
VORANGEGANGENEN AUF

**EKS Phase 7**
Konstantes
Grundbedürfnis

**EKS Phase 6**
Kooperationsstrategie

**EKS Phase 1**
Ist-Situation und
spezielle Stärken

**EKS Phase 2**
Erfolgversprechendstes
Spezialgebiet

**EKS Phase 5**
Innovationsstrategie

**EKS Phase 3**
Erfolgversprechendste
Zielgruppe

**EKS Phase 4**
Brennendstes Problem
der Zielgruppe

# Analyse der Ist-Situation und der speziellen Stärken

## Voraussetzung für Ihren Erfolg: Anders sein als andere

Jedes Unternehmen – auch Ihres – hat **spezielle Stärken**, in denen es sich von der Konkurrenz unterscheidet: Es ist in der Kombination von Fähigkeiten, Image und Know-how **einzigartig** wie ein Fingerabdruck. Für jedes Unternehmen gibt es auch ein ganz spezielles **Aufgabenfeld**, das zu den Stärken passt und in dem es jedem Konkurrenten überlegen ist. Sie müssen allerdings Ihre speziellen **Stärken** finden und klar **herausarbeiten**. Leider versuchen viele Manager, vermeintlich überlegene Mitbewerber zu kopieren. Besser ist es, sich ein **unverwechselbares Profil** zu schaffen, also anders zu sein als andere.

## Stärken ausbauen – Schwächen vernachlässigen

**STÄRKEN-PROFIL**

Verbessern im Sinne der EKS-Strategie heißt: Stärken ausbauen. Viele Menschen glauben, dass sie ihre **Schwächen bekämpfen** müssen, um erfolgreich zu werden. Sie konzentrieren sich darauf, alles Mögliche zu lernen und zu verbessern. Das ist jedoch aus zwei Gründen sinnlos: ► Erstens werden Sie lediglich **durchschnittlich**, wenn Sie Ihre Stärken zugunsten Ihrer Schwächen vernachlässigen; ► zweitens werden Sie unweigerlich **demotiviert**, wenn Sie sich mit Ihren Schwächen beschäftigen.

## Erwerben Sie sichtbare Kompetenz

**KOMPETENZ**

Wer nur ungefähr weiß, wo seine speziellen Stärken liegen, kann das auch seiner **Zielgruppe** nur ungefähr vermitteln. Wer aber seine Stärken ausbaut, kann diese nach außen in einem unverwechselbaren **Leistungsprofil** dokumentieren. Das ist notwendig, damit Sie sich von der Masse der Wettbewerber abheben – denn so steigern Sie automatisch Ihre **Anziehungskraft**.

## Ohne „Ist" kein „Soll"

Wer etwas verbessern will, muss die **Ausgangslage** kennen. Oft beschränkt man sich dabei auf die Analyse der Bilanzzahlen, der Umsatzstatistiken und der Kosten. Für den dauerhaften Erfolg sind darüber hinaus andere, nämlich **immaterielle Faktoren** wie Know-how, Image oder Kundenbindung verantwortlich. Diese werden im ersten Schritt systematisch erfasst.

# Wie finden Sie Ihre speziellen Stärken?

Eine umfassende **Ist-Analyse** umfasst vier Bereiche:

**1. Arbeiten Sie heraus, was Sie bisher getan haben – und was Sie außerdem tun könnten.**

In diesem Zusammenhang listen Sie alle **Leistungen** und **Produkte** Ihres Unternehmens auf. Überlegen Sie, was außerdem noch hergestellt werden könnte. Erfassen Sie auch das **immaterielle Vermögen** wie Patente, Lizenzen und Know-how. Gehen Sie hier so genau wie möglich vor. Oft sieht man nämlich nur das durchschnittliche Gesamtergebnis der Leistungen, in denen die potenziellen **Spitzenleistungen** untergehen.

**2. Analysieren Sie, welche Probleme Sie bereits gelöst haben.**

Welche **Probleme** wurden in Ihrem Unternehmen bereits erfolgreich bewältigt? Arbeiten Sie heraus, welche Probleme Sie **besser** als andere Unternehmen gelöst haben oder lösen können. Ermitteln Sie, welche Probleme Sie **selbst** haben, die einer Änderung bedürfen, und welche **Kundenprobleme** Ihnen bekannt sind. Kein Problem ist einzigartig – viele andere Menschen haben mit Sicherheit das gleiche Problem. Damit haben Sie den ersten Schritt zur Entdeckung einer **Marktnische** getan.

**3. Beschreiben Sie Ihre Visionen und Ziele.**

Jeder Mensch, also auch jeder Manager, hat **Ziele, Wunschvorstellungen, Vorbilder, Leitbilder** und **Visionen**. Sie steuern – bewusst oder unterbewusst – auch die Entwicklung des Unternehmens in eine positive oder negative Richtung. Wer etwa die Nr. 1 im Schach werden will, wird sich anders verhalten als jemand, der dies im Tennis sein möchte.

**4. Untersuchen Sie, welche Beziehungen und welches Image Sie im Markt haben.**

Beziehungen, Image und andere **immaterielle Werte** werden von Menschen, die überwiegend materialistisch denken, unterschätzt. Im Spiegel der anderen sieht man sich oft besser als im eigenen. Fragen Sie daher Mitarbeiter, Freunde, Kunden und andere Geschäftspartner, was man Ihnen zutraut, welches Image Sie genießen.

„JEDER MENSCH UND JEDES UNTERNEHMEN HAT FÜR SEINE LEISTUNG EINEN MARKT."

ERFAHRUNGEN

VISIONEN

# Erfolgsbeispiel zu Phase 1:
# Stadthotel Lünen – Durch Zielgruppen-
# spezialisierung in die Marktnische

**Ein Hotelier lässt nur ausgewählte Kunden in sein Seminar-hotel, und das auch nur unter ganz bestimmten Voraussetzungen. Dennoch – oder gerade deswegen – erfreut er sich einer hervorragenden Auslastung und glänzender Geschäfte.**

### Lerngewinn

Viele Unternehmen innovieren völlig ungezielt: Sie vergleichen sich mit den Mitbewerbern und konzentrieren sich dann darauf, vermeintliche Schwächen auszubügeln. Der folgende Fall zeigt, dass nicht die Konkurrenz oder die so genannten ungeschriebenen Branchengesetze darüber entscheiden, was eine Schwäche ist und was nicht, sondern einzig und allein die **Zielgruppe**. Der Fall zeigt außerdem,

▶ dass man auch **ohne** herausragende **Stärken** extrem erfolgreich werden kann

▶ dass vermeintliche **Schwächen** immer eine **Stärke** beinhalten

▶ dass es sich lohnt, seiner **Strategie** und seiner **Zielgruppe treu** zu bleiben

▶ dass wichtige Innovationen **keinen Kapitalaufwand** erfordern.

### Vorgeschichte

Als der Hotelier Wolfgang Schene das Stadthotel Lünen von seinen Eltern übernahm, war die **Lage** alles andere als hoffnungsvoll: Das 1963 erbaute Hotel war stark renovierungsbedürftig, die Übernachtungszahlen und die Umsätze gingen kontinuierlich

zurück. Zuletzt waren die 72 Betten nur noch zu zehn Prozent ausgelastet. Ursprünglich war das Hotel auf **Großveranstaltungen** ausgerichtet gewesen. Doch auch dieses Geschäftsfeld war stark rückläufig. Schene junior suchte einen Ausweg – und der schien im **Seminargeschäft** zu liegen. Anfang der 80-er Jahre boomte der Seminartourismus, und von diesem Wachstumsmarkt sollte das Stadthotel profitieren. Leinwand und Overheadprojektor wurden organisiert, und los ging's. Doch der große Durchbruch blieb aus. 1982 fiel Wolfgang Schene dann der EKS-Lehrgang in die Hände. Umgehend machte er sich an die Umsetzung der Strategie.

### EKS Phase 1: Stärkenanalyse

Auf der Stärkenseite war nicht viel zu analysieren: es gab den großen Veranstaltungssaal, das junge und motivierte Team, die gute Autobahnanbindung und die Tatsache, dass das Hotel dank der sparsamen Geschäftsführung der Eltern **schuldenfrei** war. Hätte man eine **Schwächenanalyse** gemacht, wäre eine etwas längere Liste zusammmen gekommen: Neben der veralteten Ausstattung fielen die schlechte Auslastung und der nicht gerade attraktive Standort ins Gewicht.

KURZE STÄRKENLISTE

### EKS Phase 2: Spezialgebiet

Was hätte man normalerweise getan? Auf das schuldenfreie Objekt einen Kredit aufgenommen und dann renoviert, um – wie alle anderen Hotels auch – um jeden Gast zu kämpfen. Die „Strategie" der meisten Hotels ist relativ einfach: Umsatz um fast jeden Preis. Ob der Gast kommt, um zu feiern, zu tagen oder um Urlaub zu machen, ist den meisten Hoteliers völlig egal – Hauptsache, die Betten sind belegt. Doch Wolfgang Schene wollte nicht wie alle anderen werden und um jeden Gast kämpfen. Er wollte auf einem kleinen Marktsegment einen besonders großen Nutzen bieten, und er war sicher, dass er das **Spezialgebiet** „Seminare" besetzen wollte. Dieses Geschäftsfeld war unter EKS-Gesichtspunkten jedoch viel zu groß. Darum sollte zusätzlich eine **Zielgruppen-Spezialisierung** helfen, um den völlig unübersichtlichen Markt noch weiter zu segmentieren.

SPEZIALGEBIET SEMINAR

### EKS Phase 3: Zielgruppen-Analyse

Bevor Wolfgang Schene in kostspielige Umbauten und Renovierungen investierte, suchte er Antwort auf die **Kernfrage**:
▶ Gab es eine Zielgruppe, deren Ansprüche genau mit dem übereinstimmten, was das Stadthotel leisten konnte? Oder anders gefragt: Für wen war der Preis so wichtig, dass die wenig attraktiven Rahmenbedingungen keine Rolle spielten?
Wolfgang Schene wusste, dass er dann einen besonders hohen **Nutzen** bieten könnte, wenn er einen unschlagbar niedrigen Preis anbieten konnte. Da er keine Kapitalkosten hatte (das Hotel war schuldenfrei), konnte er völlig anders kalkulieren als die Mitbe-

WELCHE ZIELGRUPPE PASST ZUM HOTEL?

werber. Diesen Preis konnte er noch einmal senken, wenn die Teilnehmer von Montag bis Freitag blieben – dann nämlich würden die Fixkosten pro Gast noch weiter sinken.[1]

Die **ideale Zielgruppe** sah also folgendermaßen aus:
▶ sie hatte mit dem veralteten Mobiliar keine Probleme
▶ sie war sehr preisbewusst
▶ sie hatte einen hohen Schulungsbedarf, möglichst über mehrere Wochen hinweg
▶ die Seminare dauerten stets von Montag bis Freitag.

Wolfgang Schene machte ein **Brainstorming**: Welche Zielgruppen gab es ganz **prinzipiell** auf dem riesigen Seminarmarkt, und welche davon waren besonders **preissensibel**? Schließlich stieß er auf die Zielgruppe „öffentliche Verwaltungen, Sozial- und Wohlfahrtsorganisationen sowie öffentliche Unternehmen wie Bahn und Post", und dort ganz speziell auf die jüngeren Mitarbeiter in der Ausbildung. Diese waren noch nicht durch Luxushotels verwöhnt, und sie hatten dank der unermüdlichen Aktivitäten des Gesetzgebers permanenten Weiterbildungsbedarf. Der öffentliche Dienst hatte zwar eigene Bildungszentren, Bedarfsspitzen wurden jedoch über Seminarhotels abgedeckt. Dort fungierte diese Zielgruppe aber in aller Regel nur als „**Lückenbüßer**", denn Anfang der 80-er Jahre lag das Budget pro Teilnehmer lediglich bei 69 DM pro Tag. Im Stadthotel Lünen sollte diese Zielgruppe dagegen umworben und begeistert werden.

## EKS Phase 4: Problemanalyse

Der Vorteil einer klar definierten Zielgruppe liegt darin, dass man deren **gemeinsame** Wünsche und Probleme gut erkennen kann. Wolfgang Schene besorgte sich zunächst das Bundesreisekostengesetz, um die **Besonderheiten** seiner Zielgruppe zu studieren. Außerdem führte er zahlreiche Gespräche mit Freunden und Bekannten, die in der Verwaltung arbeiteten. Dann schrieb er das erste Angebot, das genau auf die **Bedürfnisse** seiner Zielgruppe zugeschnitten war. Beispiel: Nach dem Bundesreisekostengesetz war es den Staatsdienern untersagt, den Pausenkaffee auf Kosten des Steuerzahlers zu trinken. Also bot Wolfgang

---

[1] Dieses kybernetische Kalkulationsverfahren ist eine Besonderheit der EKS. Mehr dazu erfahren Sie im EKS-Lehrgang oder im EKS-Strategietrainer (siehe Literaturverzeichnis Seite 108)

Schene unentgeltliche Pausenverpflegung an. Der Erfolg ließ nicht lange auf sich warten. Schon im ersten Jahr stiegen die Übernachtungen um 40 Prozent. Ursprünglich hatte sich Wolfgang Schene zum Ziel gesetzt, eine Seminargruppe pro Woche zu beherbergen. Doch bald musste er den großen Saal in kleinere Seminarräume umfunktionieren, um der **steigenden Nachfrage** gerecht zu werden.

### EKS Phase 5: Innovation

Der kybernetisch kalkulierte Preis war nicht die einzige Innovation. Die zielgruppen-gerechte Seminarpauschale war lediglich die „**Speerspitze**", die für mehr Umsatz und Liquidität sorgte und in deren Gefolge weitere Innovationen eingeführt wurden. Als Leitlinie dienten die Wünsche und Probleme der unterschiedlichen Teil-Zielgruppen:

1. Die **Seminarveranstalter**, also die Verwaltungen, waren an geringen Kosten und einfachen Abläufen interessiert. Außerdem hatten sie – wie andere Veranstalter auch – ein relativ großes Sicherheitsbedürfnis: bei möglichst geringem organisatorischen Aufwand sollte nichts schief gehen. Im Stadthotel Lünen achtete man deshalb genau darauf, dass bei Buchungen und Rechnungen keine Fehler unterliefen. Außerdem gab es nur einen Fixpreis – unabhängig davon, welche Technik und wie viel Material der jeweilige Trainer benötigte.

2. Die **Seminarleiter und Trainer** wünschten sich einen reibungslosen Tagungsablauf sowie eine gute Lernatmosphäre in den Seminarräumen. Darauf reagierte Wolfgang Schene durch entsprechende Investitionen in die Tagungsräume sowie einen perfekt eingespielten Service: hier passt sich das Personal den Gästen an und nicht umgekehrt.

3. Die **Seminarteilnehmer** wünschten sich einen möglichst angenehmen Aufenthalt und in den freien Stunden einen Ausgleich zu ihrem trockenen Lernprogramm. Wolfgang Schene steckte darum seine immer kräftiger steigenden Gewinne in die Renovierung der Zimmer. Außerdem sorgte er in den Nachmittags- und Abendstunden für ein abwechslungsreiches Unterhaltungsprogramm für seine junge Zielgruppe. Dabei **kooperiert** er **(EKS**

**PROBLEME ZEIGEN VERBESSERUNGS-POTENZIAL**

**... BEI SEMINAR-VERANSTALTERN**

**... BEI TRAINERN**

**... BEI SEMINARTEILNEHMERN**

**Phase 6)** beispielsweise mit der Stadtverwaltung Lünen: zusammen organisiert man Radtouren und erforscht das Umland.

Mit vielen liebevollen Details wird auf **spezielle Wünsche** reagiert: Statt der in den „besseren" Hotels üblichen Plätzchenteller gibt es in den Pausen Pizza und Eis. Die Seminarräume sind phantasievoll gestaltet; in jeder Ecke gibt es Spiele und Sportgeräte, um überschüssige Energie loszuwerden.

### EKS Phase 7: Konstantes Grundbedürfnis

Hinter jeder Spezialisierung verbergen sich gewisse Risiken. Im Fall des Stadthotels Lünen wäre beispielsweise denkbar, dass die staatlichen Institutionen ihre Weiterbildung über das Internet forcieren oder die Zusammenarbeit mit Hotels aufkündigen, um ausschließlich die eigenen Bildungseinrichtungen zu nutzen. Doch selbst wenn dieser Fall einträte, könnte Wolfgang Schene sicher sein, dass er von dieser Entwicklung als Erster erfährt und als Letzter davon betroffen ist. Der Vorteil der **sozialen Spezialisierung** liegt in der starken Vernetzung mit der Zielgruppe. Der Spezialist nimmt gefährliche Trends viel früher wahr als andere und kann gegebenenfalls seine Strategie ändern – entweder, indem er mit Innovationen reagiert, oder im ungünstigsten Fall, indem er die Zielgruppe wechselt. Doch dies ist in den seltensten Fällen notwendig: wer seiner Zielgruppe einen **überragenden Nutzen** bietet, kann sich auch einer **überragenden Loyalität** gewiss sein.

**INFORMATIONSVORSPRUNG**

### Die Erfolge

**TRAUMZAHLEN**

So viel Engagement danken die Kunden ihrem innovativen Gastgeber mit einer **beispiellosen Auslastung** und jahrelanger Treue. In den Kernzeiten – montags bis freitags in der ferienfreien Zeit – ist das Hotel weit im Voraus ausgebucht und hat Belegungsquoten bis zu 90 Prozent. Das sind absolute Traumzahlen – im Branchendurchschnitt kann man froh sein, wenn man 40 Prozent erreicht. Die Übernachtungszahlen stiegen innerhalb von zehn Jahren von 2.500 auf mehr als 19.000 und halten sich seitdem auf diesem Niveau. Im Jahr 1993 mussten noch einmal 28 Zimmer und ein weiteres Seminarzentrum angebaut werden.

TREUE ZUR ZIELGRUPPE

Seine eigenwillige Strategie hat Wolfgang Schene eine **starke Machtposition** beschert: Wer als Neukunde im großen Stil gleich mehrere Seminare veranstalten will, muss unter Umständen eine beträchtliche Wartezeit in Kauf nehmen. Und dann gilt natürlich die gleiche Regel wie für alle anderen Gäste: wer ein zwei- oder dreitägiges Seminar buchen möchte, kann dies selbstverständlich tun – er muss jedoch den vollen Preis für eine Woche zahlen. Denn nur, wenn der Gast fünf Tage bleibt, geht die **Kalkulation** auf. Auch in einem anderen Punkt bleibt Wolfgang Schene seiner **Zielgruppe** treu: Wer im Stadthotel das mittlere Management oder den gehobenen Verwaltungsdienst schulen lassen möchte, bekommt leider eine Absage. Zunächst hatte Wolfgang Schene diese Zielgruppe abgelehnt, weil er befürchtete, sie könnten sich an dem eigenwilligen Stil des Hauses stören. Mittlerweile ist das Hotel jedoch völlig renoviert und würde auch anspruchsvolleren Gästen genügen. Trotzdem lehnt Wolfgang Schene ab: „Manager erwarten ein anderes Ambiente und andere Events. Darauf sind wir aber gar nicht eingestellt."

VISION UND PERFEKTION

Das Stadthotel konzentriert sich ganz darauf, der **Kernzielgruppe** einen überragenden Nutzen zu bieten: „Ich hatte die Vision, meinen Gästen so etwas wie das perfekte Seminarerlebnis zu schaffen – unabhängig davon, dass nur ein begrenztes Budget zur Verfügung steht", sagt Wolfgang Schene. Diese Vision hat bis heute nichts an ihrer Schubkraft eingebüßt. Das Programm wird ständig verbessert. Einige Gäste sind im Laufe ihrer Ausbildung bis zu zehnmal für eine oder zwei Wochen im Stadthotel Lünen, und jedes Mal soll der Aufenthalt etwas ganz Besonderes sein.

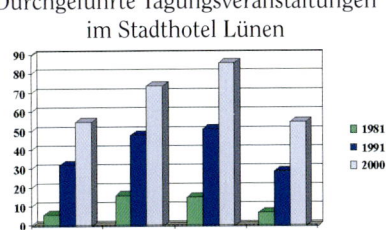

Durchgeführte Tagungsveranstaltungen im Stadthotel Lünen

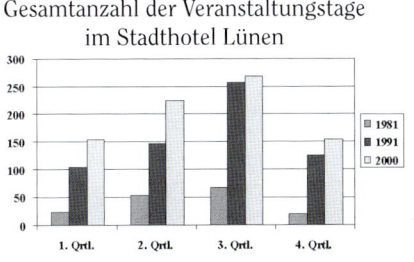

Gesamtanzahl der Veranstaltungstage im Stadthotel Lünen

**Stadthotel Lünen - Zusammenfassung**

**EKS Phase 1 – Spezielle Stärken:** ungenutzte Kapazitäten, verkehrsgünstige Lage, keine Kapitalkosten, motiviertes Mitarbeiterteam.

**EKS Phase 2 – Erfolgversprechendstes Spezialgebiet:** Seminare

**EKS Phase 3 – Erfolgversprechendste Zielgruppe:** Behörden; Verwaltungen und Institutionen

**EKS Phase 4 – Brennendstes Problem der Zielgruppe:** kleine Budgets, Service und lerngerechtes Umfeld (Veranstalter/ Trainer); erlebnisreicher Aufenthalt (Gäste/Seminarteilnehmer)

**EKS Phase 5 – Innovation:** perfekte Seminarorganisation und Erlebnishotellerie zum kleinen Preis

**EKS Phase 7 – Konstantes Grundbedürfnis:** kostengünstige Aus- und Weiterbildung

Kontakt: stadthotelluenen@aol.com

# 7 Leitsätze für die strategische Stärken-Analyse

## Phase 1: Ist-Situation und Stärken-Analyse

**1.** Seien Sie anders als andere – werden Sie einzigartig!

**2.** Bauen Sie gezielt Ihre Stärken aus – vernachlässigen Sie Ihre Schwächen!

**3.** Analysieren Sie Ihre Ist-Situation – Sie werden Ihre speziellen Stärken entdecken!

**4.** Suchen Sie konsequent nach Ihren Stärken – sie sind überall vorhanden!

**5.** Identifizieren Sie die größten Stärken, und kombinieren Sie diese zu neuen Leistungen!

**6.** Bauen Sie Ihr persönliches, unverwechselbares Stärken- und Leistungsprofil auf!

**7.** Schärfen Sie Ihren Blick für neue Betätigungsfelder und Chancen!

**Meine drei wichtigsten Gedanken, Einsichten, Schlüsselworte:**

- 
- 
-

# Das erfolgversprechendste Spezialgebiet

„LIEBER DER ERSTE
IM DORF ALS DER
ZWEITE IN DER STADT."
(CÄSAR)

**Ihre Stärken sollen zum Spezialgebiet passen wie der Schlüssel zum Schloss.**

Ausgangspunkt des zweiten Schrittes ist das **Stärkenprofil**. Es ist wie ein **Schlüssel**, für den es nun ein passendes **Schloss**, also das **passende Spezialgebiet**, zu finden gilt. Seine Ermittlung dient zunächst nur einer groben Orientierung; es wird in diesem Schritt noch nicht endgültig festgelegt.

**Ihre größte Stärke ist nichts wert, wenn niemand bereit ist, dafür zu bezahlen.**

MARKTORIENTIERUNG

Darum gilt es nun in Phase 2, ein Geschäftsfeld, also einen **Markt**, zu **finden**, auf dem Sie Ihre **Stärken** optimal zur Geltung bringen können. Fragen Sie sich daher jetzt nach den möglichen **Verwendungszwecken** Ihrer speziellen Stärken.

**Was Sie gut und gern tun, hat die beste Chance, zur Spitzenleistung zu werden.**

EIGEN-MOTIVATION

Auf dem **Spezialgebiet**, das den **eigenen Stärken** am besten **entspricht**, agiert man von vornherein am sichersten und erfolgreichsten. Wichtig ist, dass Sie sich mit Ihrem Spezialgebiet voll **identifizieren** können.

**Ihr Spezialgebiet sollen Sie selbst bestimmen und sich nicht von außen aufdrängen lassen.**

Viele Manager und Unternehmer lassen ihr Geschäftsfeld von außen bestimmen – entweder von **Kunden**, denen immer alles recht gemacht werden soll, oder von **Wettbewerbern**, die den Großteil des Marktes scheinbar unter Kontrolle haben.

**Auf einem zunächst kleinen Spezialgebiet Erster zu sein ist besser, als auf einem großen durchschnittlich zu sein.**

Wichtig ist, von vornherein ein Spezialgebiet zu suchen, das genau den **eigenen Kräften entspricht**. Es ist besser, zunächst ein zu kleines als ein zu großes zu wählen.

# Wie finden Sie Ihr erfolgversprechendstes Spezialgebiet?

### 1. Leiten Sie aus Ihrem Stärkenprofil möglichst viele Spezialgebiete ab.

Oft können Sie das **Spezialgebiet** direkt aus dem **Stärkenprofil** ableiten. Geben Sie dennoch die Suche nicht vorzeitig auf, sondern suchen Sie intensiv und methodisch weiter. Eine gewisse **Genauigkeit** ist notwendig. Sie sollte aber nicht übertrieben werden, denn zunächst genügt eine grobe **Orientierung**.

„DO IT, TRY IT, FIX IT!"
(TH. J. PETERS, R. H. WATERMAN)

### 2. Je enger Sie Ihr Spezialgebiet definieren, desto schneller wächst Ihr Marktanteil.

Je präziser Sie Ihr Spezialgebiet definieren können, desto schneller haben Sie Ihre ersten **Erfolge**, desto stärker steigt Ihre **Motivation** und desto schneller wird das **Wachstum** verlaufen. Schnelle Anfangserfolge sind wichtig: Sie ziehen eine **Kettenreaktion** anderer positiver Wirkungen nach sich.

ENGES SPEZIALGEBIET

### 3. Ihr Spezialgebiet können Sie ausdehnen, wenn Sie Ihren Stärken treu bleiben.

Zaudern Sie nicht, Ihr **Spezialgebiet** zunächst sehr **klein** zu **definieren**! Wenn Sie einen Anfangserfolg erzielt, die **Marktnische** also erschlossen haben, können Sie Ihr **Spezialgebiet** sukzessive **ausdehnen**.

### 4. Bedenken Sie stets: „Probieren geht über Studieren!"

Wälzen Sie Ihre potenziellen Spezialgebiete nicht tage- und monatelang im Kopf herum, sondern machen Sie sich möglichst rasch an die **Erprobung**. Am besten gehen Sie mit der EKS-Strategie stets im **Trial-and-Error**-Verfahren vor: Sie machen einen kleinen Schritt in die grundsätzlich richtige Richtung und setzen die dort gewonnenen Erfahrungen um. D. h., Sie lassen sich – wenn nötig – von außen korrigieren und erproben dann auf dieselbe Weise den nächsten Schritt. Damit begrenzen Sie Ihre **Risiken** auf ein **Minimum**.

SPEZIALGEBIETE TESTEN

# Erfolgsbeispiel zu Phase 2: ACG AG – Weltmarktführer nach Strategie-Wechsel

**Der Weltmarktführer für Smartcard-Broking legt ein atemberaubendes Wachstum hin, seitdem das Unternehmen sein Spezialgebiet neu definiert hat.**

### Lerngewinn

Die ACG-Story ist ein Musterbeispiel dafür,

▶ wie man durch **Spezialisierung** und Begrenzung des Lernfeldes (hier: Smartcards) auf hochkomplexen Märkten herausragende Alleinstellungsmerkmale erwerben kann,

▶ was passiert, wenn herausragendes Spezial-Know-how auf die entscheidenden **Engpässe** im Markt gerichtet wird,

▶ wie durch gezielte Kooperationen ein extrem hoher **Kundennutzen** erzielt wird.

### Vorgeschichte

Die Erfolgsgeschichte von ACG beginnt damit, dass der Student Cornelius Boersch in die USA fuhr und dort ein Produkt namens „Notfallkarte" entdeckte. Das waren schlichte Plastikkärtchen mit den wichtigsten persönlichen medizinischen Daten. Umgehend führte Cornelius Boersch Ähnliches in Deutschland ein: die Deutsche Notfallkarte. Von nun an ließ ihn das Thema „Karten" nicht mehr los. Das erste komplexere **Projekt** konnte Cornelius Boersch mit seinem Studienkollegen Friedrich von Diest an seiner Universität, der European Business School, abwickeln. Dort revolutionierten sie das Abrechnungssystem sämtlicher Dienstleistungen. Die Studenten bekamen eine Plastikkarte, die sie an einem Automaten gegen die Eingabe von Geldscheinen aufladen konnten. Mit dieser Karte konnten sie dann in der Mensa bezahlen, Gebühren entrichten, den Kopierer abrechnen und an einem Terminal die Prüfungsergebnisse abrufen.

Das ebs-Projekt war der Startschuss für ein blühendes **Consultinggeschäft**, das dem Duo Boersch/von Diest zu Studentenzeiten mit der dafür gegründeten Sabeco GmbH viel Geld einbrachte. „Wir galten schon damals als die ‚**Kartengurus**' in der Szene, vor allem, weil wir immer jemanden kannten, der die gesuchte Technologie beherrschte." Kontrolle über die **Engpässe** nennt man das in der Strategiesprache. Die Sabeco beteiligte sich an Softwareentwicklungen, schuf eine Reihe eigener Patente und wickelte Kartenprojekte für Kunden ab. Umsatz und Gewinn gingen kontinuierlich nach oben. Aber das ganz große Geschäft war damit nicht zu machen. Cornelius Boersch erinnerte sich an den **EKS-Lehrgang**, den ihm sein Vater schon während des Studiums ans Herz gelegt und den er damals durchgearbeitet hatte. „Bei Licht betrachtet hatten wir uns ziemlich **verzettelt** und uns mit zu vielen Einzelprojekten herumgeschlagen. Wir mussten uns einfach besser auf unsere Stärken und die Engpässe im Markt konzentrieren."

VERZETTELUNG

### EKS Phase 1: Stärkenanalyse

Cornelius Boersch und von Friedrich von Diest machten eine Bestandsaufnahme ihrer **Stärken**: da war zum einen das exzellente Auftreten und das Verkaufstalent, zum anderen die perfekte Kenntnis des Marktes und der Technologie. „Der typische Kartenhersteller auf dem Markt hat 90 Mitarbeiter und einen Mann im Vertrieb, der mit kariertem Jackett und gestreiften Socken zum Kunden marschiert. Wir wollten es anders machen und uns ausschließlich auf den **Vertrieb** konzentrieren."

DIFFERENZEIGNUNG

### EKS Phase 2: das Spezialgebiet

Das Spezialgebiet stand fest: es war der Markt für Smartcards und die dazugehörigen Chips und Technologien. Das **Marktpotenzial** war gigantisch:
Im Jahr 1998 wurden weltweit Chipkarten im Wert von 0,7 Milliarden Euro produziert, im Jahr 2002 wird das Marktpotenzial auf 2,5 Milliarden Euro wachsen. Denn die ehemals recht einfachen Karten üben mittlerweile immer mehr „intelligente" Funktionen aus. Insbesondere kontaktlosen Smartcards gehört die **Zukunft**: Mit diesen Karten kann man beispielsweise U-Bahn fahren, ohne einen Fahrschein ziehen, vorzeigen oder entwerten zu müssen. Der intelligente Fahrschein ist mit einem kleinen Sender versehen, registriert automatisch die gefahrene Strecke und zieht den Fahrpreis vom Kartenguthaben ab. Im Supermarkt wird das Schlangestehen abgeschafft: mit dem vollen Ein-

NEUE STRATEGIE

kaufswagen passiert man einen Transponder, der innerhalb von zwei Sekunden die Rechnungssumme ermittelt. Die Waren sind mit so genannten Tags versehen, die ihre Preisinformationen digital und in Sekundenbruchteilen an das Terminal senden. Kontaktlose Smartcards regeln die Gepäckverteilung in Flughäfen oder großen Logistikzentren sicherer und um ein Vielfaches schneller als die herkömmliche Strichcode-Technik. Auch das Einkaufen im Internet machen die Karten der nächsten Generation einfacher, sicherer und unbürokratischer: Man schiebt eine Smartcard in den Computer, gibt einen PIN-Code ein, und schon lassen sich Urlaubsreisen buchen, Computer kaufen oder Leihwagen reservieren. Mit dem Rechnungsbetrag wird via Karte direkt das Konto belastet; Missbrauch ist praktisch ausgeschlossen. Künftig muss man seine Geldkarte nicht mehr umständlich an den Bankautomaten aufladen, sondern kann das bequem zu Hause am Computer tun.

**INNOVATIONSPOTENZIAL**

### EKS Phase 3: Zielgruppen-Analyse

**ZIELGRUPPE UND MINIMUMPRINZIP**

Die Zielgruppe waren Nachfrager kleiner und mittlerer Losgrößen von Vorprodukten für Chipkartenfertigung und Chipkarten-Systemlösungen. Bei diesen waren nämlich die **Engpässe** und Probleme am größten.

### EKS Phase 4: Problemanalyse

Wo lag der größte Engpass auf dem Smartcard-Markt? Auf der Herstellerseite waren die Überkapazitäten bei Standardprodukten das größte Problem. Großeinkäufer konnten ihre **Macht** gnadenlos ausspielen und sich sowohl bei Kartenherstellern als auch bei Chip-Produzenten gute Konditionen sichern. Wer allerdings kleinere Mengen einkaufen wollte, wurde zu weitaus schlechteren Bedingungen bedient.

Genau dieses Problem sollte Dreh- und Angelpunkt der neuen **Strategie** sein. Dazu kam das Informationsproblem: auf dem boomenden Smartcard-Markt war das **Innovationstempo** extrem hoch; und nur wenige wussten, wer welche Technologie für welche Problemlösung bereit hielt.

### EKS Phase 5: Innovation

Als „Robin Hood des Chipkartenmarktes" wollten Cornelius Boersch und Friedrich von Diest als Broker auf dem Markt auftreten: Als Mittler sollte das Unternehmen absolute **Markttransparenz** hinsichtlich Preis und Qualität bei allen wichtigen Vorprodukten für Chipkartenfertigung und Chipkarten-Systemlösungen bieten und als **Makler** zwischen den großen Halbleiterproduzenten und den überwiegend kleinen, aber hochinnovativen Firmen agieren, die Chipkartenlösungen für spezielle Anwendungen entwickeln und fertigen. Durch die Marktübersicht und die aus der **Bündelung der Nachfrage** resultierende Einkaufsmacht sollten künftig auch für kleinere Bestellmengen Großabnehmer-Konditionen herausgeschlagen werden. Geboten wurden absolute **Transparenz** hinsichtlich Preis und Qualität, gleichzeitig aber auch Zugang zu allen wichtigen Vorprodukten für Chipkartenfertigung und Chipkarten-Systemlösungen. Verabschieden wollte man sich dagegen von der Abwicklung eigener Projekte und in erster Linie als Broker, Händler und Berater auftreten.

*KERNKOMPETENZ MARKTTRANSPARENZ*

*SPEZIALISTEN-MACHT*

### EKS Phase 6: Kooperation

Für ein Know-how-Unternehmen ist das richtige **Informationsmanagement** überlebenswichtig – und das vor allem dann, wenn das Kerngeschäft darin besteht, stets perfekte **Markttransparenz** hinsichtlich der Produkte, Preise und Innovationen zu besitzen. ACG löst Informationsprobleme über Netzwerke. Wegen der Fähigkeit, für jedes Projekt ein Expertenteam auf Zeit zusammenzuschweißen, wurde ACG von einem Wirtschaftsmagazin der Titel „erstes virtuelles Unternehmen am Neuen Markt" verliehen. Die Voraussetzung dafür ist die konsequente **Spezialisierung** auf das Produkt „Chipkarte". „Seit mehr als 10 Jahren bin

*DAS VIRTUELLE UNTERNEHMEN*

ich auf jeder Expertenkonferenz zum Thema Smartcards und kenne die gesamte Szene. Wenn ich mal nicht dabei sein kann – wie bei unserem Börsengang –, bekomme ich am nächsten Tag drei Anrufe von Leuten, die wissen wollen, was los war", sagt Cornelius Boersch. Grundsätzlich ist jeder ACG-Partner – ob Mitarbeiter, Finanzier oder Aufsichtsrat – aktiver **Networker**, immer auf der Suche nach fähigen Köpfen, interessanten Zulieferern, ratsuchenden Kunden. Die Ausbeute des Networkings wird in einer Datenbank hinterlegt, um das Wissen schnell an alle Mitarbeiter zu transferieren.

ERFOLGE

Was dabei herauskommt, kann man beispielsweise an folgenden **Projekten** sehen:
▶ In Moskau fährt man heute U-Bahn mit einem kontaktlosen ACG-Fahrschein.
▶ In den Deutschen Bundestag kommt man nur, wenn man eine Smartcard aus dem Hause ACG in der Tasche hat.
▶ Der mehrfache deutsche Fußballmeister Bayern München ließ seine Mitgliedsausweise mit ACG-Hilfe anfertigen.

PROJEKTBEISPIELE

▶ Für die Deutsche Bahn wurde im Rekordtempo von nur drei Monaten ein digitaler Fahrschein bis zur Serienreife entwickelt.
▶ Ebenfalls in kürzester Zeit wurde eine Maus mit Kartenlese-Funktion entwickelt, damit auch ältere PCs für absolut sichere Internet-Geschäfte nachgerüstet werden können – Cornelius Boersch wusste, wo der Software-Experte für dieses Problem saß (in Australien) und wo man das Gerät so billig herstellen lassen konnte, dass es für weniger als 20 DM über den Ladentisch gehen kann.
▶ Anfang 2001 schloss die ACG einen Lizenzvertrag mit Microsoft.

### EKS Phase 7: Konstantes Grundbedürfnis

Das konstante Grundbedürfnis, das hinter den Smartcards steckt, lässt genug Raum für **Innovationen**: es ist das Bedürfnis nach schnellen, bequemen und sicheren Transaktionen. **Spezialisierungsrisiken** sind daher nicht in Sicht.

## Die Erfolge

„An unserem Unternehmen konnte man hervorragend sehen, wie die EKS funktioniert. In dem Moment, wo wir uns wirklich auf das konzentrierten, was wir am besten konnten, ging das Unternehmen durch die Decke", beschreibt der erst 31-jährige Boersch die Wirkungen der **Kräftekonzentration** und die Ausrichtung auf die entscheidenden Engpässe im Markt. Die Sabeco wurde 1995 in die ACG AG umgewandelt und legte durch ihre brillante Strategie ein rasantes **Wachstumstempo** hin. Im Jahr des Börsengangs 1996 machte die 1995 gegründete ACG AG gerade mal einen Umsatz von 120.000 Euro – 1998 waren es schon 25,5 Millionen, im Jahr 2000 dann 310 Millionen. Für seine hervorragende Strategie – insbesondere für das weltweit gespannte **Netzwerk** – wurde den drei ACG-Gründern Cornelius Boersch, Friedrich von Diest und Theodor Prümm im Jahr 2000 der Titel „Entrepreneur des Jahres" verliehen. Zu Recht: Anders als viele so genannte Stars im Börsensegment Neuer Markt arbeitet die ACG trotz des rasanten Wachstumstempos **profitabel**. Für das Jahr 2000 konnte ein operativer Gewinn von 11,7 Millionen Euro erzielt werden.

PROFITABLES WACHSTUM

SPEZIALISTEN-MACHT

Gewinn

Kundennutzen

Nachfragesog

Lerngewinne

Spezialisierung

Umsatz-
wachstum

Kooperations-
fähigkeit

Markttrans-
parenz

Marktanteile

Effektivität

EKS-WACHSTUMSSPIRALE
AM BEISPIEL ACG

**ACC AG - Zusammenfassung**

**EKS Phase 1 – Spezielle Stärken:** Marktüberblick über alle Technologien, Lieferanten und Know-how-Träger im Bereich Smartcards, Verkaufstalent, perfektes Auftreten

**EKS Phase 2 – Erfolgversprechendstes Spezialgebiet:** Broking und Beratung für Chips, Smartcards und kontaktlose Technologien

**EKS Phase 3 – Erfolgversprechendste Zielgruppe:** Nachfrager kleiner und mittlerer Losgrößen von Vorprodukten für Chipkartenfertigung und Chipkarten-Systemlösungen

**EKS Phase 4 – Brennendstes Problem der Zielgruppe:** keine Markttransparenz und geringe Verhandlungsmacht, fehlendes Know-how

**EKS Phase 5 – Innovation:** Brokertätigkeit auf dem Markt für Chipkarten-Zubehör, zahlreiche Innovationen und Patente für Chipkarten-Terminaltechnologie, kontaktlose Technologien und Reinraum-Fertigung

**EKS Phase 6 – Kooperation:** mit allen innovativen Zulieferern und Know-how-Trägern auf dem Markt für Smartcards

**EKS Phase 7 – Konstantes Grundbedürfnis:** schnelle, bequeme und sichere Transaktionen

Kontakt: www.acg.de

# 7 Leitsätze für ein erfolgversprechendes Spezialgebiet

## Phase 2: Erfolgversprechendstes Spezialgebiet

**1.** Sind die Stärken Ihr Schlüssel, haben Sie mit dem Spezialgebiet Ihr passendes Schloss!

**2.** Seien Sie lieber auf einem kleinen Spezialgebiet der Erste als woanders der Zweite!

**3.** Was Sie gut und gerne tun, das machen Sie auch erfolgreich = Spitzenleistung!

**4.** Je enger Sie Ihr Spezialgebiet definieren, desto schneller wird Ihr Erfolg sichtbar!

**5.** Entfalten Sie auf dem erfolgversprechendsten Spezialgebiet Ihre speziellen Stärken!

**6.** Durch „Versuch und Irrtum" finden Sie das zu Ihrem Stärkenprofil passende Spezialgebiet!

**7.** Sie können beliebig wachsen, wenn Sie Ihren Stärken treu bleiben!

**Meine drei wichtigsten Gedanken, Einsichten, Schlüsselworte:**

- 

- 

-

# Die erfolgversprechendste Zielgruppe

**Nicht für abstrakte Geschäftsfelder, sondern für Menschen (= Zielgruppen) sind Ihre Leistungen bestimmt.**

Darum suchen Sie in der dritten Phase der EKS-Strategie nach der erfolgversprechendsten Zielgruppe, die hinter Ihrem Spezialgebiet steht. Denn Ihre Leistungen sind nicht für einen abstrakten Markt bestimmt, sondern stets für Menschen. Eine **Zielgruppe** im Sinne der EKS-Strategie sind **Menschen mit gleichen** Wünschen, **Bedürfnissen** oder Problemen.

**Nur über den Dialog mit Ihrer Zielgruppe können Sie Ihre Leistungen zu konkurrenzlosen Spitzenleistungen ausbauen.**

DIALOG

Mit theoretischen Überlegungen „am grünen Tisch" werden Sie Ihre erfolgversprechendste Zielgruppe nicht finden. Und ohne **Feedback** werden Sie ihr kaum ein maßgeschneidertes Angebot präsentieren können. Vergessen Sie nie: Ihre Leistung soll sich den **Wünschen der Zielgruppe** anpassen – und nicht umgekehrt.

**Die Zielgruppenorientierung löst einen Lernprozess aus.**

LERNPROZESS

Sie erkennen die Veränderungen der Bedürfnisse, Probleme und Widerstände der Zielgruppe genauer und schneller als die Mitbewerber – und sichern sich damit einen dauerhaften **Wettbewerbsvorsprung**. Umgekehrt lernt die Zielgruppe Ihre Leistungen besser kennen. Ohne diesen **wechselseitigen Lernprozess** entwickelt sich Ihr Unternehmen eher zufällig.

**Nur durch eine genaue Segmentierung Ihrer Zielgruppe finden Sie Ihre passende Marktnische.**

Je genauer Sie Ihre Zielgruppe definieren, desto eindeutiger können Sie Ihre Leistungen auf deren spezielle Bedürfnisse ausrichten. Das **Echo** Ihrer **Zielgruppe** steuert Sie automatisch in die erfolgversprechendste **Marktnische**.

### Ihre Zielgruppe ist wichtiger als Ihre kapitalen Werte.

Die **immateriellen Vermögenswerte** Ihres Unternehmens wie Wettbewerbsvorsprung, Kundenbindung oder Marktmacht werden relativ schnell wachsen und damit den Ertrags- und Marktwert erhöhen. Ihr strategisches Ziel lautet: Werden Sie der führende Nutzenanbieter Ihrer Zielgruppe!

# Wie finden Sie Ihre erfolgversprechendste Zielgruppe?

### 1. Ermitteln Sie die Zielgruppen hinter Ihrem Geschäftsfeld.

Sie verfahren dabei wie in den Phasen 1 und 2 mittels Brainstorming. Suchen Sie **so viele** Zielgruppen **wie möglich**!
Hinter dem Geschäftsfeld „Reinigen" z. B. stehen die Reinigungsprobleme von Bürobetrieben, Krankenhäusern usw. Jede dieser Zielgruppen lässt sich noch weiter segmentieren – nach ihrer Größe, ihrer regionalen Streuung usw. Über die Zielgruppensegmentierung können Sie sich sehr gut eine **Marktnische** erschließen.

*„EINE GENAUE ZIELGRUPPEN-ORIENTIERUNG IST DER WICHTIGSTE STRATEGISCHE ERFOLGSFAKTOR."*

### 2. Finden Sie heraus, welche Zielgruppe den dringendsten Bedarf nach Ihrer Leistung hat.

Suchen Sie diejenige **Zielgruppe**, deren Probleme mit Ihren Problemlösungsfähigkeiten am stärksten übereinstimmen. Wenn Sie meinen, für verschiedene Zielgruppen ein gleich guter **Problemlöser** sein zu können, müssen Sie sich zunächst für eine dieser Zielgruppen entscheiden. Dies gelingt nur durch praktische **Zielgruppentests**. Formulieren Sie Ihr Angebot, und unterbreiten Sie es repräsentativen Vertretern der Zielgruppe. Registrieren Sie ablehnende wie auch positive Reaktionen!

**BEDARFS-ANALYSE**

### 3. Analysieren Sie Ihre derzeitigen Kunden: Welche sind die angenehmsten und lukrativsten? Bei welchen haben Sie die beste Resonanz?

Befragen Sie diese Kunden, warum Sie bei Ihnen und nicht bei der **Konkurrenz** kaufen. Diese Analyse gibt Ihnen noch einmal Hinweise auf Ihre speziellen Problemlösungsfähigkeiten und auf die erfolgversprechendste Zielgruppe.

**KUNDEN-ANALYSE**

### 4. Formulieren Sie Ihre ideale Zielgruppe.

Idealvorstellungen haben die Neigung, zur **Realität** zu werden. Fragen Sie sich also, wie die ideale Zielgruppe für Ihre Leistungen aussehen sollte. Suchen Sie dann systematisch, auf welche Menschen diese Merkmale in der Realität zutreffen. Versuchen Sie, diese Zielgruppe **konkret** zu **definieren**, und finden Sie heraus, über welche Medien sie angesprochen werden kann.

# Erfolgsbeispiel zu Phase 3: REWE-Center Altenstadt – Erfolg durch ein Super-Service-Konzept

**BESONDERER NUTZEN STATT VERDRÄNGUNGS- WETTBEWERB**

Ein höchst erfolgreicher Supermarkt stellt die Branchen- gesetze auf den Kopf: Er bietet „unbezahlbare" Serviceleis- tungen – und verzeichnet dennoch sehr erfreuliche Ge- winne.

### Lerngewinn

Einem Supermarkt, in dem das Wort „Sonderangebot" ein Fremdwort ist, der weitab von den Ballungsräumen liegt und mit fünf etablierten **Wettbewerbern** konkurrieren muss, räumt man allgemein keine guten Chancen ein. Das REWE-Center in Altenstadt zeigt,

▶ dass es sehr viel erfolgreicher ist, einen besonderen **Nutzen** für eine kleine Zielgruppe zu bieten, statt den branchenüblichen Gesetzen zu folgen und es allen recht zu machen,

▶ dass man nachhaltige **Kundenbegeisterung** erzielt, wenn man sich systematisch an den Zielgruppenproblemen orientiert und dabei immer wieder die **Erwartungen** übertrifft.

### Vorgeschichte

**NUTZEN STEIGERN**

Es gibt Unternehmer, die sind „von Natur aus" sehr erfolgreich: Sie probieren Vieles aus und sind stets auf der Suche nach **Verbesserungsmöglichkeiten**. Wenn solche Menschen dann auf Methoden wie die EKS stoßen, schalten sie noch einmal einen Gang höher und werden noch erfolgreicher. Genau so ging es Alfred und Doris Stoll, als sie von ihrem Franchisepartner, der REWE Hungen AG, zu einem EKS-Seminar eingeladen wurden. „Diese Tage stellten alles auf den Kopf", erinnert sich Alfred Stoll. „Zum einen wurde uns bestätigt, auf dem richtigen Weg zu sein, zum anderen wurde uns auch klar, welch große **Möglich- keiten** sich auftun würden, wenn wir den **Nutzen** für unsere Ziel- gruppe noch konsequenter nach den EKS-Prinzipien steigerten."

### EKS Phase 1: Stärkenanalyse

**DIFFERENZIERUNG: KUNDENORIENTIERUNG**

Schon bevor die EKS im REWE-Center Altenstadt angewendet wurde, gehörte das Unternehmen zu den erfolgreichen der Branche. Alfred und Doris Stoll waren bekannt für ihre **Kunden- orientierung**: durch Grillfeste, Altennachmittage, Gewinnspiele und Nikolausfeiern hatte man sich von den übrigen Wettbewerbern **differenziert**. Dies war zugleich die spezielle Stärke. In Sachen Sortiment oder Preisniveau gab es dagegen nur wenige Unterscheidungsmöglichkeiten gegenüber den Mitbewerbern.

### EKS Phase 2: Spezialgebiet

Die EKS empfiehlt entweder die **Spezialisierung** auf bestimmte Produkte oder Leistungen („technische" Spezialisierungen) oder auf genau definierte **Zielgruppen** („soziale" Spezialisierungen). Rein theoretisch hätte sich das REWE-Center auf ein bestimmtes **Sortiment** (zum Beispiel Öko-Lebensmittel) oder einen Sortimentsschwerpunkt (zum Beispiel Frischeprodukte) konzentrieren können. Solche „exotischen" Spezialisierungen lassen sich von einer bestimmten Größe an nur in Ballungsgebieten mit entsprechender Zielgruppenpräsenz realisieren. In diesem Fall wies die spezielle Stärke in Richtung **Zielgruppen-Spezialisierung**.

**KEINE TECHNISCHE SPEZIALISIERUNG**

### EKS Phase 3: Zielgruppen-Analyse

Auf welche **Zielgruppe** soll man sich konzentrieren in einem Ort mit 1.700 Einwohnern und mit einer Verkaufsfläche von 1.750 Quadratmetern? Alfred Stoll konzentrierte sich auf das Nächstliegende: besonders **serviceorientierte Kunden**. Rund zwei Drittel aller Deutschen verstehen unter „gut einkaufen" besonders „billig" einkaufen. Bei REWE in Altenstadt wollte man sich auf das restliche Drittel konzentrieren, nämlich auf Kunden, die nicht von Sonderangebot zu Sonderangebot hetzen, sondern besonderen **Service** und eine besondere **Einkaufsatmosphäre** schätzen.

**ZIELGRUPPE „SERVICE-BEWUSSTE"**

### EKS Phase 4: Problemanalyse

Welche Wünsche, Bedürfnisse und Probleme hat diese **Zielgruppe**? Hier waren keineswegs ausgeklügelte Marktanalysen notwendig – schon allein der Einsatz des „gesunden Menschenverstandes" förderte eine Unzahl von **Verbesserungsmöglichkeiten** zu Tage. Alfred und Doris Stoll griffen zu einer sehr einfachen, EKS-typischen Maßnahme: Sie versetzten sich gedanklich in die Situation ihrer Zielgruppe und fragten sich, welche **Probleme** typischerweise beim Einkaufen auftreten – und zwar vom Parken, über

**WELCHE WÜNSCHE HAT DIE ZIELGRUPPE?**

das Einkaufen und das Bezahlen bis zum Einpacken der Waren. Da war zum Beispiel das Schlangestehen an den Kassen, die Wartezeiten an den Frischetheken und Vieles mehr. Dann wurde überlegt, wie aus **Kundensicht** das perfekte Einkaufserlebnis aussehen würde. Am Ende wurde ein **Konzept** für ein stressfreies Einkaufserlebnis entwickelt, das in Deutschland einzigartig war.

### EKS Phase 5: Innovation
Folgende **Ideen** wurden innerhalb kurzer Zeit in die Tat umgesetzt:

PROBLEM SCHLANGE STEHEN

▶ Der Kunde kann selbst entscheiden, wann die nächste **Kasse** besetzt wird. Erscheint ihm die Schlange zu lang (selbst wenn diese aus nicht mehr als zwei Personen besteht), betätigt er ein Hahnensignal. Sofort eilt ein Mitarbeiter herbei, der die nächste Kasse öffnet. Bezahlt wird bequem und bargeldlos per ec-Karte.

PROBLEM AUSRUHEN

▶ Man trennte sich von einigen Quadratmetern Verkaufsfläche und eröffnete mitten im Markt ein „**Kommunikationszentrum**": Dort können sich die Kunden ausruhen, eine Tasse Kaffee oder Tee trinken (natürlich kostenlos), sich über örtliche Veranstaltungen oder den Ärztenotdienst informieren, Kochrezepte ausdrucken lassen oder die Tageszeitung lesen.

PROBLEM WARTEZEITEN

▶ Die gängigsten Obst-, Gemüse-, Käse- und Wurstwaren bekommt der Kunde per **Selbstbedienung**. Sollten dennoch die Schlangen an den Frischetheken zu lang werden, konnte der Kunde eine Nummer ziehen und sich die Zeit anderweitig vertreiben – zum Beispiel, indem er sich kostenlos die Schuhe putzen

ließ. Heute ist das SB-System derart perfektioniert, dass das Nummern-System entfallen konnte – es gibt keine nennenswerten Schlangen mehr.

▶ Alle Abteilungen führen eine große Auswahl so genannter **Convenience-Produkte** in Selbstbedienung. Das sind Frischeprodukte wie Obst, Gemüse oder Fleisch, die servierfertig vorbereitet sind. Damit spricht man vor allem die Zielgruppe der Berufstätigen an.

**PROBLEM BEQUEMLICHKEIT**

▶ Die Haushaltswaren wurden in einen **Schnäppchenmarkt** ausquartiert: Dort kann der Kunde täglich aus 300 fertig verpackten Geschenken wählen. Mittlerweile ist diese Zahl wegen des gigantischen Erfolges auf 2000 gewachsen.

▶ Für **Kinder** wurde eine Kinderspielecke eingerichtet, damit die Eltern in Ruhe einkaufen können. Die so genannte Quengelware – das sind Süßigkeiten, die absichtlich in Augenhöhe und Reichweite der Kinder platziert sind –, gibt es bei REWE in Altenstadt nicht. Neuerdings fahren die Kinder in so genannten KidCars herum – das sind Doppelsitzer-Autos, die gleichzeitig als Einkaufswagen fungieren. Die Kleinen bekommen einen „Führerschein", der bei jedem Besuch abgestempelt wird. Für zehn Punkte gibt es dann eine Überraschung.

**PROBLEM KINDER-QUENGELN**

▶ Pfiffige **Sonderaktionen** machen den Supermarkt für die ganze Familie interessant: Ständig gibt es Events, mit denen man bei der Zielgruppe im Gespräch bleibt.

**MUNDPROPAGANDA**

▶ Nachmittags werden die Einkäufe zum Auto getragen. Es gibt an den Kassen einen **Einpackservice** nach amerikanischem Muster.

▶ Nicht alle **Experimente** in Sachen Kundenservice waren von Erfolg gekrönt: Zeitweise konnte man seine Einkaufswünsche per Fax an das REWE-Center schicken und seine Einkäufe dort ab 17.00 Uhr fertig verpackt und gekühlt abholen. Dies erwies sich langfristig nicht als praktikabel – ebenso wenig wie ein Lieferservice für Lebensmittel. Gerade durch solche **„Misserfolge"** zeichnen sich erfolgreiche Unternehmer aus: Sie testen neue

**VERSUCH UND IRRTUM**

Serviceleistungen aus, sind aber auch bereit, diese fallen zu lassen, wenn die Resonanz und Zahlungsbereitschaft der Zielgruppe ausbleibt.

▶ Die **Innovationen** erstrecken sich jedoch nicht nur auf die Kundenprobleme (also die externen Minimumfaktoren), sondern natürlich auch auf die **internen Engpässe**. Wie in allen Dienstleistungs- und Service-Unternehmen ist das A und O jedes funktionierenden Konzeptes die Motivation der Mitarbeiter. Auch das Super-Servicekonzept von Alfred und Doris Stoll konnte nur funktionieren, wenn die Mitarbeiter mitzogen. Frei nach der Erkenntnis, dass jeder Chef die **Mitarbeiter** hat, die er verdient, setzte Alfred Stoll erst einmal bei sich selbst an. Er ist tief davon überzeugt, dass Vertrauen in alle Mitarbeiter die **Grundlage** ist für Freude, Spaß und Harmonie. Diese danken es ihm durch Engagement, Motivation und Loyalität. Das gesamte Team wird über alles Wichtige im Unternehmen informiert – selbst über Umsatzzahlen und Gewinne. Jedes Abteilungsteam macht seine Planungen von den Kosten bis zum Gewinn selbstständig.

### EKS Phase 7: Konstantes Grundbedürfnis

**Spezialisierungsrisiken** sind in dem Konzept des REWE-Centers in Altenstadt nicht zu entdecken. Die bequeme Versorgung mit Nahrungsmitteln ist ein **Grundbedürfnis**, das gerade in Zeiten steigenden Wohlstandes immer mehr an Bedeutung gewinnt. Das **Innovationstempo** hinter diesem Grundbedürfnis wird jedoch klar von der Zahlungsbereitschaft der Kunden begrenzt.

### Die Erfolge

Kann man in einer Branche, in der die Umsatzrenditen mit einer Null vor dem Komma beginnen, überhaupt mit solch einer **Service-Strategie** überleben? Glaubt man den einschlägigen Experten und Erfahrungen, müsste das REWE-Center in Altenstadt längst pleite sein. Denn „der Kunde" wünscht sich zwar Service, Freundlichkeit und Qualität, doch dies selbstverständlich zu niedrigsten Preisen. Alfred Stoll hat gezeigt, dass man solche „Wahrheiten" tunlichst nicht ungeprüft übernehmen sollte. Denn er hat bewiesen, dass mit kostspieligen Servicemaßnahmen erfreuliche Umsatz- und Gewinnzuwächse zu erzielen sind. Der Umsatz hat sich seit 1993 verdoppelt, und auch die **Renditen** liegen in Bereichen, von denen andere nur träumen können. Gemessen an den üblichen **Kennzahlen** im Lebensmitteleinzelhandel (Einkauf pro Kunde, Umsatz pro Mitarbeiter oder Quadratmeter) liegt Stolls Unternehmen bundesweit in der Spitzengruppe. In Altenstadt ist das REWE-Center mit Abstand **Marktführer**, obwohl es noch 3 Supermärkte und 2 Discounter am Ort gibt.

Für so viel Engagement und Erfolg wurden Alfred und Doris Stoll im Jahr 1995 mit dem Preis „Supermarkt des Jahres" ausgezeichnet. Dieser gilt als „Branchen-Oskar" und wird alljährlich vom Bundesverband des deutschen Lebensmitteleinzelhandels, dem Markenverband und der Fachzeitschrift Lebensmittel-Praxis vergeben.

**HÖCHSTE AUSZEICHNUNG**

Wie erklärt sich Alfred Stoll die verblüffende Tatsache, dass der Gewinn umso stärker steigt, je mehr man an den **Kundennutzen** denkt? Ganz einfach: Weil im Lebensmitteleinzelhandel der **Preiskrieg** extrem teuer ist und von den Kunden in der Regel nicht honoriert wird. „Bei uns gibt es grundsätzlich keine Sonderpreisaktionen. Da muss man zuerst Geld für Anzeigen ausgeben und dann noch ein paar tausend Mark drauflegen, weil man die Sonderangebote subventionieren muss. Und **Stammkunden** kann man mit solchen Aktionen ohnehin nicht gewinnen. Unsere Rechnung sieht ganz anders aus. Pro Monat schenken wir in unserem Kommunikationszentrum 25.000 Portionen Kaffee aus, die uns 2.500 Mark kosten. Damit erreichen wir mehr **Kundenbindung** als mit jeder Werbeaktion. Unsere Mitbewerber halten uns für verrückt, weil wir in ihren Augen mit unserem Kommunikationszentrum Platz und Geld verschwenden, wo man normalerweise palettenweise Chips und Schokolade verkaufen könnte. Doch von Anfang an zeigte der **Zuspruch** unserer Kunden, dass wir auf dem richtigen Weg sind. Als wir beispielsweise unsere Hundebar eröffneten, hat das ganze Dorf darüber geredet. Das kann man mit konventionellen Methoden gar nicht erreichen."

**DAS ERFOLGSGEHEIMNIS**

**REWE-Center Altenstadt - Zusammenfassung**

**EKS Phase 1** – **Spezielle Stärken:** Kundenorientierung
**EKS Phase 2** – **Erfolgversprechendstes Spezialgebiet:**
Servicekonzept im Lebensmitteleinzelhandel
**EKS Phase 3** – **Erfolgversprechendste Zielgruppe:** Kunden, denen
Service mehr wert ist als Niedrigstpreise
**EKS Phase 4** – **Brennendstes Problem der Zielgruppe:**
Stressfreier, bequemer Einkauf
**EKS Phase 5** – **Innovation:** viele, sich zu einem Gesamtkonzept
ergänzende Servicemaßnahmen
**EKS Phase 7** – **Konstantes Grundbedürfnis:** Bequeme Versorgung
mit Nahrungsmitteln

Kontakt: rewe-center-stoll@gmx.de

# 7 Leitsätze für konsequentes Zielgruppen-Denken

## Phase 3: Erfolgversprechendste Zielgruppe

**1.** Denken Sie um: Von der Produktorientierung zur Zielgruppenkonzentrierung!

**2.** Beachten Sie: Zielgruppen sind Menschen mit gleichen Problemen oder Bedürfnissen!

**3.** Konzentrieren Sie sich auf Zielgruppen und deren besonders brennende Probleme!

**4.** Differenzieren Sie Ihre Zielgruppe eindeutig, d. h. so klein und homogen wie möglich!

**5.** Werden Sie zum besten und stärksten Problemlöser Ihrer Zielgruppe (= Marktführer)!

**6.** Bleiben Sie in ständigem Dialog mit Ihrer Zielgruppe (Feedback als Lernprozess)!

**7.** Verbessern Sie Ihre Leistungen ständig im Hinblick auf die Bedürfnisse Ihrer Zielgruppe!

**Meine drei wichtigsten Gedanken, Einsichten, Schlüsselworte:**

- 
- 
-

# Das brennendste Problem der Zielgruppe

„PROBLEME SIND
CHANCEN IN
ARBEITSKLEIDUNG."

**Unternehmen sind dazu da, um Probleme zu lösen, und erst in zweiter Linie, um Produkte zu verkaufen.**
Der Erfolg eines Unternehmens wird nicht von der Größe seiner Kräfte und Mittel bestimmt, sondern von der Fähigkeit, die Leistungen besser und präziser als die Konkurrenz auf das von der **Zielgruppe am brennendsten empfundene Problem** zu richten.

**Jedes Produkt und jede Leistung sollte beim Kunden ein Problem lösen.**
Je größer das Problem, desto größer ist die Akzeptanz und die Nachfrage, wenn die Leistung genau dieses Problem löst. Bei **existenziell wichtigen Problemen** sind viele Menschen sogar bereit, bedenkenlos nach jedem rettenden Strohhalm zu greifen.

**Je mehr Probleme, desto besser!**

MARKTCHANCEN

Hinter jedem **Problem** steht der Bedarf nach einer Problemlösung. Und jede Problemlösung ist zugleich eine **Marktchance**, die Umsatz und Gewinn verspricht. Viele Menschen neigen dazu, Probleme aus dem Wege zu gehen. Machen Sie es anders – nutzen Sie die Chancen, die sich hinter den Problemen verbergen.

**Je genauer Sie auf ein brennendes Problem Ihrer Zielgruppe zielen, desto größer wird Ihr Erfolg sein.**
*Achtung:* Entscheidend ist allein, welches **Problem** die **Zielgruppe** für ihr **wichtigstes** hält – und nicht, welches Sie selbst dafür halten. Sobald Sie das aktuell am brennendsten empfundene Problem gelöst haben, müssen Sie sich dem nächsten widmen. Nur so können Sie dauerhaft Spitzenleistungen bringen. Der „**Pfad der brennendsten Probleme**", der sich auf diese Weise abzeichnet, zeigt Ihnen außerdem den Weg zur gefahrlosen **Spezialisierung** (Näheres finden Sie in Phase 7: Das konstante Grundbedürfnis).

# Wie finden Sie das brennendste Problem Ihrer Zielgruppe?

*Hinweis:* Das brennendste Problem können Sie nur im direkten Kontakt mit Ihrer Zielgruppe erfahren. Die folgenden Fragen und Bewertungsraster verhelfen Ihnen zum Einstieg in diese Phase.

„ICH KANN EINEN ANDEREN ERST RICHTIG VERSTEHEN, WENN ICH EINIGE MEILEN IN SEINEN MOKASSINS GELAUFEN BIN." (INDIANISCHE WEISHEIT)

## 1. Denken Sie altero-zentriert.

Das brennendste Problem Ihrer Zielgruppe finden Sie nur dann, wenn im Mittelpunkt Ihres Denkens die Frage steht: Wie kann ich den **Nutzen meiner Zielgruppe steigern**? Je besser Sie die Probleme Ihrer Zielgruppe lösen, desto besser lösen Sie auch Ihre eigenen. Nachfrage, Umsatz und Gewinn steigen dann automatisch.

## 2. Versetzen Sie sich in die Lage Ihrer Zielgruppe und ergründen Sie, welche Probleme diese haben könnte.

Ihr wichtigstes Orientierungsinstrument ist eine **regelmäßige Bedarfs- und Problemanalyse**. Damit können Sie sicher sein, dass Sie stets auf wandelnde Bedürfnisse reagieren können – und vor allen anderen Konkurrenten neue Marktchancen entdecken. Sie können die Zielgruppe fallweise oder kontinuierlich befragen. Das fördert die Zielgruppen-Probleme zuverlässiger zutage als Mutmaßungen und Spekulationen.

PROBLEMANALYSE

## 3. Spielen Sie in Gedanken die Entstehung, Benutzung und Entsorgung Ihrer Leistung durch; überlegen Sie, welche Probleme dabei auftauchen könnten.

Notieren Sie alle Probleme, die im Rahmen dieser **Ablaufstudie** auftauchen. Diskutieren Sie dieses Ergebnis mit repräsentativen Vertretern der Zielgruppe und finden Sie heraus, welche Probleme die dringlichsten sind.

## 4. Kreisen Sie das brennendste Problem im Dialog-System ein.

Kreisen Sie das brennendste Problem grob ein, erarbeiten Sie einen **Lösungsvorschlag** und diskutieren Sie ihn mit repräsentativen **Vertretern Ihrer Zielgruppe**, mit denen Sie ein gutes Verhältnis haben. Verschiedene Zielgruppen haben verschiedene, sich manchmal widersprechende Probleme. Das erschwert den Dialog, weil das Feedback wie ein wirrer „Wellensalat" erscheint. Dann muss die Zielgruppe noch enger eingekreist werden.

DIALOG-SYSTEM

# Erfolgsbeispiel zu Phase 4:
# Verlag für ergonomische Arbeitsmittel – Erfolgreiche Unternehmensgründung durch Problemspezialisierung

**SYLVIA WUTTIG**

Die 20-jährige Zahnarzthelferin Sylvia Wuttig macht sich selbstständig und gründet einen florierenden Spezialverlag in Heidelberg. Die Verlegerin ist heute unangefochtene Marktführerin für Zahnarzt-Abrechnungssysteme.

## Lerngewinn

Viele Menschen wollen unbedingt Unternehmer werden. Doch auf der Suche nach einer **Marktnische** tun sie sich schwer. Der folgende Fall des Heidelberger Verlages für ergonomische Arbeitsmittel zeigt, wie man es richtig macht: aus der täglichen **Arbeitspraxis** entwickelte eine junge Zahnarzthelferin eine überzeugende Geschäftsidee und ein erfolgversprechendes **Spezialgebiet**, indem sie sich auf ein besonders brennendes **Zielgruppenproblem** konzentrierte. Außerdem lernen Sie anhand dieses Falles,

▶ dass man Marktnischen findet, indem man Lösungen für Probleme sucht,

▶ dass man auch mit wenig eigenem Startkapital erfolgreich wird, wenn man einen zwingenden Nutzen bietet,

▶ wie man Know-how in Produkte umwandelt und multipliziert.

## Vorgeschichte

**MOTIVATION
+ STRATEGIE**

**= ERFOLG**

Wie zieht man in einem Alter, in dem andere noch die Schulbank drücken, praktisch nebenberuflich eines der ungewöhnlichsten Unternehmen Deutschlands hoch? Natürlich mit einer guten **Strategie** – und dazu mit einem stark ausgeprägten **Erfolgswillen**, großer **Motivation** und viel Selbstvertrauen. Die Entscheidung für die Selbstständigkeit fiel, als die 19 Jahre junge Sylvia Wuttig eine Tagung für Zahnarzthelferinnen im Berliner Kongresszentrum besuchte: „Ganz schnell hatte ich nur einen Wunsch: Da vorne will ich auch stehen und einen Vortrag halten!" Ein Fall von krasser Selbstüberschätzung? Keineswegs! Ein Jahr später stand die angehende Jungunternehmerin wirklich da und hielt mit nur 20 Jahren vor 2000 Teilnehmern einen Vortrag über ihr **Spezialgebiet**, die Abrechnungsprobleme in der Zahnarztpraxis. Was war innerhalb eines Jahres geschehen?

**EKS Phase 1: Stärkenanalyse**

Sylvia Wuttig verfügte weder über Kapital noch über hervorragende Beziehungen; alles, worauf sie ihre Unternehmensgründung bauen konnte, war ihre Motivation, ihr **Lernwille** und ihr **Innovationsgeist**.

„NUR" IMMATERIELLE STÄRKEN

**EKS Phase 2: Spezialgebiet und EKS Phase 4: Problemanalyse**

Im Fall von Sylvia Wuttig war es nicht so, dass fieberhaft nach einer Geschäftsidee gesucht wurde, sondern es war eher umgekehrt: die **Marktlücke** lag in Form eines eigenen **Problems** direkt auf ihrem Schreibtisch.

Mit 19 machte die gelernte Zahnarzthelferin eine Fortbildung zur zahnmedizinischen Fachhelferin (ZMF). Eines der Prüfungsfächer war die **Abrechnung** der zahnärztlichen Leistungen mit den Krankenkassen – eine sehr unübersichtliche und komplizierte Angelegenheit. Bekanntlich basiert das deutsche Abrechnungssystem auf Einzelleistungen. Das heißt, der Arzt bekommt keine Fallpauschalen bezahlt – etwa für die Behandlung einer Gruppe oder das Ziehen eines Backenzahnes –, sondern jede Einzelmaßnahme wird gesondert in Rechnung gestellt: Betäubungsspritze setzen, Zahn ziehen, Beratungsgespräch führen usw. Damit die Krankenkassen nicht jedes Jahr jede Leistung gesondert aushandeln und ihre Honorarkataloge komplett neu aktualisieren müssen, laufen die Vergütungen über ein **Punktsystem**: Jede Leistung ist mit einem Punktewert versehen, und für diesen Wert gibt es jedes Jahr einen anderen Geldbetrag.

Leider konnte man nicht einfach in einer Liste nachschlagen, wie viele Punkte ein gezogener Backenzahn bringt, sondern die Helferin musste

VOM PROBLEM ZUR MARKTNISCHE

▶ **erstens** wissen, aus welchen **Einzelleistungen** sich die Behandlung zusammensetzt;

▶ **zweitens** berücksichtigen, welche **Besonderheiten** der Patient aufweist, etwa ob er gesetzlich oder privat versichert ist oder ob er besonderen Berufsgruppen wie der Polizei oder der Bundeswehr angehört;

▶ **drittens** sich über die ständigen Veränderungen auf dem Laufenden halten, die zwischen den Zahnärzteverbänden und den privaten/gesetzlichen Krankenkassen ausgehandelt werden. Auf der einen Seite gibt es neue Behandlungsmethoden, die neu in den Katalog der abrechenbaren Leistungen aufgenommen werden, auf der anderen Seite werden aus Kostengründen immer wieder andere Leistungen aus der Liste gestrichen, oder der Patient muss einen Eigenanteil an der Behandlung tragen.
Alle diese Informationen musste sich die Zahnarzthelferin aus diversen Handbüchern und Preislisten zusammenklauben. Sylvia Wuttig fragte sich, ob es dafür nicht eine **bessere Lösung** geben konnte.

### EKS Phase 5: Innovation

DIE PROBLEMLÖSUNG

Wenn man sich lange und intensiv mit einem Problem beschäftigt, zieht man Lösungsideen an wie ein **Magnet**. Sylvia Wuttig ging es genauso. Die Lösung ihres Problems entdeckte sie „zufällig", als sie im Büro ihres Freundes dessen Kundenkartei entdeckte. Mit genau diesem Ordnungssystem wollte sie das Abrechnungsproblem lösen: Das zeitaufwendige Blättern und Nachschlagen würde komplett mit einem Handgriff erledigt sein, wenn man alle Abrechnungsvorschriften, die sich auf einen Vorgang bezogen – zum Beispiel das Ziehen eines Zahnes – auf eine Karteikarte zusammenbrächte, und zwar inklusive sämtlicher Sonderregelungen. Damit würden gleich zwei massive **Probleme gelöst**:

▶ **das Zeitproblem**: 50 Prozent der Suchzeit würden mit Hilfe des Karteisystems eingespart werden;
▶ **das Geldproblem**: Wenn die Helferin auch nur eine Nummer aufzuschreiben vergaß, war dieser Umsatz für den Zahnarzt unwiederbringlich verloren. Aus eigener Erfahrung wusste sie, dass sich das im Monat schnell auf tausend Mark und mehr summieren konnte.

DER ZWINGENDE NUTZEN

Beide Vorteile zusammen würden der Helferin und dem Zahnarzt das bieten, was man in der EKS-Fachsprache einen „**zwingenden Nutzen**" nennt. Das Karteisystem würde sich in der Zahnarztpraxis sofort bezahlt machen. Und weil sich die Abrechnungsvorschriften dank des unermüdlichen Reformdranges des Gesetzgebers und des medizinischen Fortschrittes permanent änderten, würde die Abrechnungskartei über die Aktualisierungs- und Ergänzungslieferungen zum **Dauergeschäft** werden.

POSITIVE RESONANZ

Eine riesige Marktlücke tat sich vor Sylvia Wuttig auf – und sie stürzte sich voll Begeisterung in die Produktentwicklung. Sie zerlegte ihre Abrechnungsbücher und Preislisten und klebte die Einzelteile – geordnet nach den einzelnen zahnärztlichen Maßnahmen – auf Karteikarten. Zusätzlich wurden die Karten bebildert. Erste **Gespräche** mit Professoren und Zahnärzten zeigten, dass sie genau auf dem richtigen Weg war. Durch ihre **Begeisterung** fiel es ihr leicht, im Familien- und Freundeskreis das Startkapital für die Entwicklung eines Prototypen aufzutreiben. Das System wurde auf den Namen DAISY getauft.

### EKS Phase 3: Zielgruppen-Analyse

EINFACHE ZIELGRUPPENANALYSE

Hier musste nicht lange analysiert werden. Die Zielgruppe waren zum einen die **Zahnarzthelferinnen**, zum anderen die niedergelassenen **Zahnärzte**, die als **Entscheider** für die neu zu schaffende Problemlösung zu gewinnen waren. Der Vertrieb sollte über Handelsvertreter und Dentaldepots laufen, doch davon nahm die junge Verlegerin bald Abschied. Weil DAISY dort nur ein Produkt unter vielen war, fehlte das notwendige Engagement beim Verkauf dieser innovativen Problemlösung. Schließlich erlernte Sylvia Wuttig die Kunst des Direktmarketings und verkaufte DAISY ausschließlich über Anzeigen und Mailings. Von Anfang an setzte sie auf den **Direktvertrieb**. Wochenlang reiste Sylvia Wuttig durch Deutschland und lieferte im ersten Jahr rund 3.000 DAISYs in den Praxen aus, machte die Helferinnen mit dem Abrechnungssystem vertraut – und kassierte nach Möglichkeit sofort, denn langsam wollten die Lieferanten ihr Geld sehen. Nach einem Jahr wurden die ersten Abonnement-

Rechnungen für die Ergänzungslieferungen in Höhe von 60.000 DM fällig. „Da hatte ich das erste Mal das Gefühl, dass finanziell Land in Sicht ist."

### Die Erfolge

ZIELGRUPPENBESITZ

So viel Engagement wird belohnt: Weil die einmal gewonnenen **Kunden** ihrer DAISY in der Regel mit Begeisterung **treu** blieben, war der Verlag innerhalb von fünf Jahren zu einem finanziell soliden, florierenden Unternehmen geworden. Jede zweite deutsche Zahnarztpraxis ist mittlerweile Kunde beim Verlag für ergonomische Arbeitsmittel. Insgesamt 20.000 Daisy-Karteien wurden bis Ende 2000 ausgeliefert. Allein in den letzten zehn Jahren hat sich der Umsatz glatt verdreifacht. Mehrmals im Jahr gibt es eine Aktualisierungslieferung. Feste Zeitpunkte gibt es nicht, sondern man richtet sich ganz nach dem „Innovationstempo" der Körperschaften. Mit jeder Lieferung wird der Informationsgehalt und die Gestaltung der Karten verbessert: der **Innovationsprozess** läuft **kontinuierlich**.

Der Verlag für ergonomische Arbeitsmittel ist so zu einem Musterbeispiel für ein EKS-typisches **Innovationskonzept** geworden:

KNOW-HOW MULTIPLIZIEREN

▶ Am Anfang stand die zielgruppen- und problemorientierte Entwicklung eines **Spezial-Know-hows** (hier: die Abrechnungsprobleme in der Zahnarztpraxis).

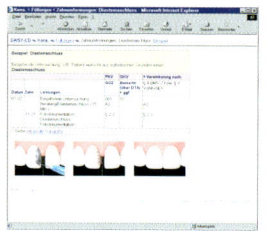

▶ Es folgte die **Materialisierung** und damit **Multiplizierbarkeit** des Know-hows über die Abrechnungskartei DAISY.

▶ Durch die ständige Verbesserung des Produktes wächst der Vorsprung fast zwangsweise weiter an. Dabei steht immer die Frage im Vordergrund, wie der **Nutzen** für die Zielgruppe noch verbessert werden kann.

RICHTIG DIVERSIFIZIEREN

Der Verlag für ergonomische Arbeitsmittel zeigt auch, wie man EKS-gerecht **diversifiziert**: seit einigen Jahren bietet er in allen größeren Städten **Abrechnungsseminare** für Zahnärzte und Zahnarzthelferinnen an. Auch hier wird der so genannte zwingende Nutzen geboten: Der Nutzen des Seminars ist sehr hoch, weil die

Helferinnen danach noch besser abrechnen können und keine Leistungen mehr verschenken. Der Zahnarzt kann sicher sein, dass die Seminarkosten innerhalb weniger Tage oder Wochen durch effizientere Abrechnungen wieder hereinkommen. So ist es kein Wunder, dass die Seminare kurz nach Veröffentlichung der Jahrestermine ausgebucht sind – und das zu Zeiten, in denen professionelle Seminarveranstalter mit riesigem Aufwand um jeden Kunden kämpfen. Die **Diversifikation** erfolgte genau nach dem konstanten Grundbedürfnis, das hinter der DAISY-Kartei liegt.

### EKS Phase 7: Konstantes Grundbedürfnis

Auf den ersten Blick scheint der Verlag für ergonomische Arbeitsmittel recht **krisenanfällig** zu sein, da seine Spezialisierung sehr stark von den Aktivitäten des **Gesetzgebers** abhängig ist. Was passiert, wenn das Abrechnungsverfahren durch Fallpauschalen drastisch vereinfacht wird oder – Horrorvision von Ärzten und Patienten – ein staatliches Gesundheitssystem droht? Sylvia Wuttig bleibt angesichts solcher Schreckensszenarien ganz gelassen. Eine drastische Vereinfachung des Systems hält sie zwar nicht für unmöglich, aber wenig wahrscheinlich. Und selbst wenn dieser unwahrscheinliche Fall einträte, wäre der Verlag gerüstet. Schon seit längerem wurde das Angebot auf **das konstante Grundbedürfnis** der Zahnärzte ausgerichtet: den **unternehmerischen Erfolg**.

KRISENANFÄLLIGES SPEZIALGEBIET?

GRUNDBEDÜRFNIS ERFOLG

Dazu zählen Seminare rund um das Thema „Marketing von zahnärztlichen Leistungen" – hier lernen die Teilnehmer, wie sie ihren Patienten Leistungen verkaufen, die nicht von den Kassen erstattet werden. Doch noch auch aus einem anderen Grund sieht Sylvia Wuttig gelassen in die Zukunft: Grundlegende Reformen, die ihren Verlag gefährden könnten, kündigen sich in aller Regel Jahre vorher an (was genügend Zeit zum Reagieren gibt) und stürzen die Betroffenen stets in eine **Anpassungskrise** – und diese ist für einen EKS-Anwender die beste Ausgangsposition für eine neue **Erfolgsstory**.

**Verlag für ergonomische Arbeitsmittel - Zusammenfassung**

**EKS Phase 1 – Spezielle Stärken der Gründerin:** Intelligenz, Tatkraft, beste Kenntnisse der Organisation und der Probleme in der Zahnarztpraxis aufgrund der eigenen beruflichen Erfahrungen

**EKS Phase 2 – Erfolgversprechendstes Spezialgebiet:** Abrechnung zahnärztlicher Leistungen

**EKS Phase 3 – Erfolgversprechendste Zielgruppe:** niedergelassene Zahnärzte (Kaufentscheider) und Zahnarzthelferinnen (Anwender)

**EKS Phase 4 – Brennendstes Problem der Zielgruppe:** Minimierung der Suchzeit, Informationsprobleme bei Änderungen von Abrechnungsvorschriften, Umsatzverlust durch Unkenntnis von Abrechnungsvorschriften

**EKS Phase 5 – Innovation:** DAISY-Abrechnungssystem für zahnärztliche Leistungen, Abrechnungsseminare für Helferinnen

**EKS Phase 6 – Kooperation:** Expertengremien der Kassenzahnärztlichen Vereinigung

**EKS Phase 7 – Konstantes Grundbedürfnis:** Unternehmerischer Erfolg für Zahnärzte

Kontakt: www.wuttig.de

# 7 Leitsätze für permanentes Problembewusstsein

## Phase 4: Brennendstes Problem der Zielgruppe

**1.** Denken Sie alterozentriert statt egozentriert:
Betrachten Sie alles aus Sicht der Zielgruppe!

**2.** Jede Zielgruppe hat viele verschiedene,
unterschiedlich starke Probleme!

**3.** Konzentrieren Sie sich in Ihren Aktivitäten auf das
brennendste Problem einer Zielgruppe!

**4.** Treten Sie in einen ständigen Dialog mit Ihrer
Zielgruppe über das brennendste Problem ein!

**5.** Entscheidend ist allein, welches Problem die
Zielgruppe für ihr wichtigstes hält!

**6.** Über die Lösung des brennendsten Problems bieten
Sie der Zielgruppe einen zwingenden Nutzen!

**7.** Nach Lösung des brennendsten Problems müssen
Sie sich konsequent dem nächsten widmen!

**Meine drei wichtigsten Gedanken, Einsichten, Schlüsselworte:**

- 
- 
-

# Innovationsstrategie

### Ihre Leistung kann und muss permanent verbessert werden.

Die **Konkurrenz** ist heute auf vielen Märkten so groß, und die Rahmenbedingungen ändern sich derartig schnell, dass ein **Stillstand** früher oder später Ihre **Wettbewerbsfähigkeit** einschränkt. „Innovate or die" lautet darum auch die Devise von Tom Peters, einem der weltweit renommiertesten Unternehmensberater.

### Die Bedürfnisse und Probleme Ihrer Kunden ändern sich ständig.

Da Sie in erster Linie **bester Problemlöser** Ihrer Kunden sein wollen, müssen Sie auch Ihre Leistungen bzw. Produkte für Ihre Kunden ständig anpassen.

### Innovation im Sinne der EKS-Strategie heißt: Leistungsverbesserung.

LEISTUNGSVERBESSERUNG

Sie decken eine große Bandbreite von **Verbesserungsmöglichkeiten** ab – angefangen vom freundlichen Auftreten bis zur bahnbrechenden technischen Erfindung.

### Mit der EKS-Strategie sind selbst mit begrenzten Kräften auch für Sie große Innovationen möglich.

Näheres zeigt Ihnen ▶ Phase 6: Kooperationsstrategie.

### Ihre Innovation muss sich immer am brennendsten Problem Ihrer Zielgruppe orientieren.

Hier sind Sie als Anwender der EKS-Strategie der Konkurrenz stets einen entscheidenden Schritt voraus: Sie innovieren nicht wahllos und mehr oder weniger zufällig, sondern immer streng am jeweils **brennendsten Problem der Zielgruppe** orientiert.

### Sie reduzieren Ihr Investitionsrisiko praktisch auf Null.

Voraussetzung ist allerdings wieder das Dialog-System: Jeder Innovationsschritt muss sich am **Echo der Zielgruppe** orientieren.

# Wie entwickeln Sie überzeugende Innovationen?

**1. Formulieren Sie das brennendste Problem Ihrer Zielgruppe.**
Stellen Sie fest, wie Ihre Leistung aussehen müsste, um dieses Problem **optimal** oder **besser** als die Konkurrenz zu lösen.

 „DAS BESSERE IST DES GUTEN FEIND."

**2. Suchen Sie das Gespräch mit der Zielgruppe.**
Stellen Sie im Dialog mit Ihrer Zielgruppe fest, ob diese Lösung akzeptiert wird. Formulieren Sie dann eine **vorläufige Innovationsidee**, auf die Sie zukünftig alle Ihre Kräfte konzentrieren.

ZIELGRUPPEN-DIALOG

**3. Interne Engpassanalyse: Stellen Sie fest, was Sie an der Realisierung dieser Lösung hindert.**
Stellen Sie fest, welche dieser internen Engpässe Sie aus eigener Kraft lösen können und wo Ihnen Know-how und Erfahrung fehlt. Suchen Sie dafür **Kooperationspartner**, mit deren Hilfe diese Engpässe überwunden werden können (Phase 6: Kooperationsstrategie).

ENGPASS-ANALYSE

**4. Verbessern Sie Ihr Informationsmanagement.**
Konzentrieren Sie sich auf den jeweiligen Engpass und suchen Sie gezielt und systematisch nach **Informationen**, die den Engpass überbrücken. Arbeiten Sie stets schriftlich, und richten Sie eine Sammelstelle für Ihre **Innovationsideen** ein.

INFORMATIONEN

**5. Entwickeln Sie nicht selbst, was andere bereits vorgedacht und entwickelt haben.**
Kein Problem ist völlig neu – für viele Probleme wurden bereits in anderen Bereichen **Lösungen** entwickelt oder finden sich **Vorbilder** in der Natur. Bauen Sie prinzipiell auf den Leistungen anderer auf und entwickeln Sie davon ausgehend Ihre eigene Lösung.

# Erfolgsbeispiel zu Phase 5: Praxisgemeinschaft Dr. Groenke & Partner – Regionaler Marktführer durch permanente Innovation

Der erfolgreichste Zahnarzt Berlins hat gleich zwei „Erfolgsgeheimnisse": Zum einen hat er sich bewusst für Patienten entschieden, die seine Leistungen zu schätzen wissen. Zum anderen ist in der Praxisgemeinschaft das wohl innovativste Team Deutschlands versammelt.

### Lerngewinn

Im Gesundheitswesen wird seit Jahren über sinkende Budgets gejammert. Nicht so in der Praxisgemeinschaft Dr. Groenke & Partner in Berlin-Lichtenrade: Hier wird stattdessen mit Hingabe daran gearbeitet, den Patienten und den Teammitgliedern das **Beste** zu bieten. Anhand dieses Falles lernen Sie,

▶ dass die Zielgruppenprobleme die beste Leitlinie für Innovationen sind,
▶ dass Innovationen, die sich ausschließlich am internen und externen Engpass orientieren, die größte Erfolgschance haben.

### Vorgeschichte

**ERFOLGREICHE PRAXIS – SCHLECHTE ZAHLEN**

DR. FRANK-DIETER GROENKE

Frank-Dieter Groenke war viele Jahre ein „ganz normal" erfolgreicher Zahnarzt: 1985 hatte er nach der Ausbildung mit Unterstützung seiner Frau in Berlin-Lichtenrade eine eigene Praxis eröffnet. Ein Jahr später stellte er einen Assistenzarzt ein, wenig später eine Prophylaxe-Assistentin. Damals hatte man das **Image** der „freundlichen Allroundpraxis". Um dem Andrang gerecht zu werden – zum Teil mussten die Patienten monatelange Wartezeiten in Kauf nehmen –, wurden noch ein weiterer Assistenzarzt und eine weitere Prophylaxehelferin eingestellt. Doch trotz steigender Patientenzahlen ging es finanziell **abwärts**. Das klingt zwar paradox, war bei näherem Hinsehen allerdings leicht zu erklären: „Wir versuchten, auf allen Gebieten gleichermaßen gut zu sein, und **verzettelten** uns, indem wir unsere Fortbildung auf fast alle Gebiete der Zahnheilkunde und die unterschiedlichsten Patientenzielgruppen ausrichteten. Durch die langen Wartezeiten und Vormerkzeiten schreckten wir gerade die interessierten, zuzahlungsbereiten Patienten ab, und für diejenigen, die kamen, hatten wir viel zu wenig Zeit, um sie für hochwertige Zahnheilkunde zu begeistern. Die Leistungsmenge pro Krankenschein und Behandlungsfall sank, die Kosten pro Behandlungsfall stiegen und die Ertragslage stimmte nicht mehr. Außerdem haftete uns wegen des Patientenstopps der Ruf der Arroganz an." Das war im Jahr 1992. Frank-Dieter Groenke brauchte eine neue Strategie. Er ging mit seinem Team in Klausurtagung und suchte nach einer neuen Profilierung.

### EKS Phase 1: Stärkenanalyse
Die Stärken der Praxis waren rasch ermittelt: es waren Freundlichkeit, Serviceorientierung und zahnärztliches Können.

### EKS Phase 2: Spezialgebiet
Die künftigen Schwerpunkte der Praxis sollten Prophylaxe, Paradontaltherapie, amalgamfreie restaurative Zahnheilkunde mit den Schwerpunkten Gold- und Keramik-Inlays sowie die ästhetische Zahnheilkunde sein.

**FACHSPEZIALISIERUNG**

### EKS Phase 3: Zielgruppen-Analyse
Die Zielgruppe ergab sich unmittelbar aus dem Spezialgebiet: Es waren die zu den Schwerpunkten passenden Menschen, die ein großes Interesse an gesunden und schönen Zähnen hatten und dafür eine entsprechende Zahlungsbereitschaft mitbrachten.

### EKS Phase 4: Problemanalyse
Die Wünsche der Patienten lagen klar auf der Hand: stressfreie Behandlung ohne Wartezeiten sowie sehr gute Behandlungsergebnisse.

**KLARE PROBLEMLAGE**

### EKS Phase 5: Innovation
Die Klausurtagung ergab neben dem klaren Bekenntnis zu einer anspruchsvollen Zielgruppe zunächst zwei gravierende Veränderungen: Zunächst wurde ein Schichtdienst von 7 bis 20 Uhr eingeführt, um die Praxis attraktiver für Berufstätige zu machen und um mehr Zeit für Beratungen zu schaffen. Für die Kernzielgruppe wurden reservierte Spezialsprechstunden und Puffertage eingeführt, um Wartezeiten abzukürzen. Zeitgleich wurde eine

Gemeinschaftspraxis gegründet und ein weiterer Arzt eingestellt, um noch mehr Zeitreserven zu schaffen.

**INNOVATIONEN ...**

In den nächsten Jahren wurde dann ein wahres **Feuerwerk** von Innovationen realisiert, die sich zu einem begeisternden **Gesamtkonzept** ergänzten. Für das Wohlergehen der Zielgruppe wurden beispielsweise folgende Neuerungen eingeführt:

**... IN DEN PRAXISRÄUMEN**

Die Praxisräume schaffen eine angstlösende Atmosphäre und sind wie ein Wohnzimmer eingerichtet. Das **Raumklima** wird durch Musik und Düfte optimiert. An heißen Tagen sorgt eine Klimaanlage für Wohlbefinden. Das Zeitschriftenangebot ist ganz auf die **Zielgruppe** ausgerichtet. Alles Negative wurde aus der Praxis verbannt. Ein Satellitenradioprogramm berücksichtigt den tageszeitlich variierenden Biorhythmus. Werbung, Nachrichten und aggressive Rhythmen sind ausgeschlossen.

**... IM BEHANDLUNGSZIMMER**

Im Behandlungszimmer hat der Patient einen eigenen **Bildschirm**, auf dem er verfolgen kann, was gerade in seinem Mund passiert. Insbesondere in der Beratungsphase ist dies sehr wichtig, weil man dem Patienten genau zeigen kann, ob und in welchem Maße **Handlungsbedarf** besteht.

**... IN DER KOMMUNIKATION**

Kommunikation mit den Patienten ist ein entscheidender Erfolgsfaktor. „Jeder Kontakt mit dem Patienten ist ein Augenblick der Wahrheit: beim Empfang, bei der Betreuung und Behandlung und bei der Abrechnung. Der Arzt kann nur bei der Behandlung einen guten Eindruck hinterlassen. Darum werden bestimmte Kommunikationssituationen am Telefon und Empfang immer wieder geübt", so Frank-Dieter Groenke. Professionell geübt werden auch die **Beratungsgespräche**. Zahnärzte üben zwar neue Therapiemethoden, aber im Allgemeinen nicht die dazu gehörigen Beratungsgespräche. „Als wir spezielle Beratungsgespräche systematisch trainierten und **Kommunikationschecklisten** erstellten, waren wir überrascht, wie hoch die Zuzahlungsbereitschaft unserer Patienten für hochwertige Zahnheilkunde war", erklärt Groenke. Diesem Umstand ist es zu verdanken, dass 43 Prozent des Umsatzes auf privat abgerechnete Leistungen entfallen – im Branchendurchschnitt sind es nur 15 bis 20 Prozent.

Sind die Arbeiten abgeschlossen, wird der **Patient** für seine Mitarbeit gelobt. Anhand von Fotos wird ihm gezeigt, was sich verbessert hat. Je nach Umfang der Behandlung erhält er Gutscheine für Zahnpflegeprodukte oder eine professionelle Zahnreinigung, mitunter sogar einen Blumenstrauß.

**... IM UMGANG MIT PATIENTEN**

Der Erfolg eines Dienstleistungsbetriebes steht und fällt mit der Motivation und Qualifikation der Dienstleister. Sehr viele **Innovationen** richten sich darum auf das **Wohlbefinden** der Teammitglieder:

**INNOVATIONEN IM TEAM**

**Personalentscheidungen** sind wichtiger als Investitionsentscheidungen. Über neue Mitarbeiter und Helferinnen (in der Gemeinschaftspraxis „Teammitglieder" genannt) entscheidet das gesamte Team. „Bei uns bewirbt sich nicht nur der Bewerber, sondern auch die Praxis. Wir beschönigen nichts und verschweigen keine Probleme", sagt Frank-Dieter Groenke.

**... IN SACHEN MITBESTIMMUNG**

Alle Arbeitsabläufe in der Praxis sind auf **Checklisten** erfasst. Diese versetzen jedes Teammitglied in die Lage, sehr viel mehr Verantwortung zu übernehmen. „90 Prozent aller Praxisprobleme sind Kommunikationsprobleme", hat Frank-Dieter Groenke erkannt. „Und wenn wir mit unseren Patienten positiv kommunizieren wollen, müssen wir zunächst für ein sehr gutes Betriebsklima sorgen." Es gibt regelmäßig Qualitätszirkel, Ärztekonferenzen, gemeinsame Essen, Feiern und Ausflüge. Das Team wird an wichtigen Entscheidungen beteiligt. Konflikte werden unmittelbar ausgesprochen und gelöst, weil sonst nicht nur das Betriebsklima, sondern auch der **Praxiserfolg** gefährdet ist.

**... IN SACHEN ORGANISATION**

**Fortbildung** hat einen höheren Stellenwert als Investitionen in Geräte. Da der gesamte Praxiserfolg von der **Persönlichkeit** abhängt, sind solche Fortbildungen genauso wichtig wie fachliche. Zwei- bis dreimal jährlich werden externe Referenten einge-

**... IN SACHEN QUALIFIKATION**

laden. Danach wird der Stoff in Form von Innovationen in das Praxiskonzept eingearbeitet.

**... IN SACHEN ARBEITS-PLATZGESTALTUNG**

Der größte Engpass in der Zahnarztpraxis ist die Behandlungszeit der Zahnärzte. Jede durch Wartezeit verlorene Minute kostet rund 4 Euro und ist nicht nachholbar. Darum ist die gesamte Praxis nach dem so genannten Zentralraumprinzip eingerichtet, das eine optimale Verfügbarkeit der **Behandlungszimmer** ermöglicht. Diese sind **identisch** eingerichtet, damit sich jedes Teammitglied in jedem Behandlungszimmer zu Hause fühlt und die Instrumente immer am vertrauten Platz vorfindet.

### EKS Phase 6: Kooperation

**INTERNE KOOPERATION**

In der Praxisgemeinschaft Groenke & Partner kann man sehen, wie sich unterschiedliche **Spezialisten** hervorragend zu einem **Spitzenteam** ergänzen. Unter den Ärzten gibt es Experten für Oralchirurgie und Implantologie, Paradontaltherapie, Funktionsstörungen, alternative Zahnheilkunde und Naturheilverfahren, Akupunktur oder adhäsive Restaurationen. Fälle, die zum Spezialgebiet des jeweiligen Praxispartners gehören, werden **intern überwiesen**.

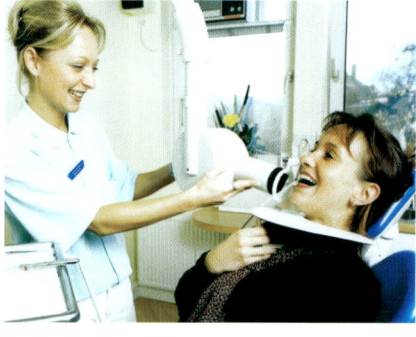

Das **Spezialisierungsprinzip** gilt im besonderen Maße für die Teammitglieder. Die Mitarbeiterinnen am Empfang beispielsweise brauchen sich nicht mit Abrechnungen oder anderen Verwaltungsaufgaben aufzuhalten, sondern sie sind einzig und allein dazu da, sich um die Belange der Patienten zu kümmern. Ein Geschäftsführer kümmert sich um die gesamte Organisation. Die Ärzte konzentrieren sich auf das, was sie am besten können: die Gesundheitsprobleme der Patienten lösen und diese optimal bei ihren Entscheidungen unterstützen.

### Die Erfolge

**ERFOLGSSPIRALE**

Die Konzentration auf wenige Behandlungsschwerpunkte und Patienten setzen sehr schnell und nachhaltig eine EKS-typische positive **Kettenreaktion** in Gang:

▶ Der unkontrollierte **Neuzugang** von Patienten wurde **gestoppt**. Da die neue Strategie auf Selbstbeteiligung und Zuzahlung basierte, wurden vor allem neue Patienten angezogen, die bereit waren, in gesunde und schöne Zähne zu investieren. Wer darauf keinen Wert legte, suchte sich einen anderen Zahnarzt.

▶ Die **Kernzielgruppe** konnte sehr viel besser beraten werden. So stieg automatisch der Anteil der hochwertigen Zahnbehandlungen.

▶ Durch das Schichtsystem stieg die **Arbeitsmotivation**: Normalerweise hat ein Zahnarzt eine lange, unproduktive Mittagspause. Von nun an gab es zusammenhängende Dienstzeiten im Wechsel mit freien Blöcken. Außerdem verbesserte sich die Auslastung der Räume und Geräte und damit die Rentabilität.

▶ Die **Wartezeiten** wurden kürzer und die **Behandlungszeiten** länger. Das konnte man sich nun auch leisten, da die Arbeit besser bezahlt wurde als die Standardleistungen nach der alten Methode.

Das **Engagement** für das Wohlergehen der Patienten ließ die Gemeinschaftspraxis in Lichtenrade innerhalb von 15 Jahren auf 45 Teammitglieder anwachsen – darunter sieben Zahnärzte und einen Oralchirurgen sowie vier Zahntechniker und Mitarbeiter im eigenen Zahnlabor. Der Umsatz steigt trotz sehr schlechter Rahmenbedingungen – höhere Zahnarztdichte in Berlin und sehr restriktive Politik der Krankenkassen – kontinuierlich an.

GESUNDES WACHSTUM

### EKS Phase 7: Konstantes Grundbedürfnis

Wie bei allen **sozialen Spezialisierungen** ist auch die Strategie von Frank-Dieter Groenke frei von „eingebauten" Risiken. Das konstante Grundbedürfnis „Gesundheit und gesunde Zähne" wird es **immer** geben. Auch weitere Einschnitte im Gesundheitswesen wird die Gemeinschaftspraxis sehr viel weniger treffen als andere, weil das gesamte System auf Patienten ausgerichtet ist, die für eine sehr gute Leistung eine entsprechende Zahlungsbereitschaft mitbringen.

SICHERE SPEZIALISIERUNG

**Praxisgemeinschaft Dr. Groenke & Partner - Zusammenfassung**

**EKS Phase 1** – **Spezielle Stärken:** Freundlichkeit, Serviceorientierung, zahnärztliches Können
**EKS Phase 2** – **Erfolgversprechendstes Spezialgebiet:** Prophylaxe, Paradontaltherapie, amalgamfreie restaurative Zahnheilkunde mit den Schwerpunkten Gold- und Keramik-Inlays sowie ästhetische Zahnheilkunde
**EKS Phase 3** – **Erfolgversprechendste Zielgruppe:** Menschen, die großes Interesse an gesunden und schönen Zähnen haben
**EKS Phase 4** – **Brennendstes Problem der Zielgruppe:** beste zahnärztliche Versorgung, Kommunikation, Service
**EKS Phase 5** – **Innovation:** perfekte Praxisorganisation, Spezialisierungen innerhalb der Praxis, Kundenorientierung
**EKS Phase 6** – **Kooperation:** innerhalb des Teams zwischen den Spezialisten
**EKS Phase 7** – **Konstantes Grundbedürfnis:** Gesundheit und gesunde Zähne

Kontakt: www.zahnnews.de

# 7 Leitsätze für erfolgreiche Innovationsstrategien

## Phase 5: Innovationsstrategie

**1.** Denken Sie ständig innovativ: Innovation heißt dauerhafte Leistungsverbesserung!

**2.** Ihre Leistung kann und muss permanent verbessert werden – Stillstand ist Rückschritt!

**3.** Ihre Innovation muss sich am brennendsten Problem Ihrer Zielgruppe orientieren!

**4.** Sammeln Sie alle Ihre Innovationsideen und werten Sie diese systematisch aus!

**5.** Verbessern Sie Ihr Informationsmanagement, und werten Sie Medien Ihrer Zielgruppe aus!

**6.** Mobilisieren Sie das Ideenpotenzial von Mitarbeitern und Geschäftspartnern!

**7.** Entwickeln Sie nicht selbst, was andere bereits gelöst und entwickelt haben!

**Meine drei wichtigsten Gedanken, Einsichten, Schlüsselworte:**

- 
- 
-

# Kooperationsstrategie

### Ihre Spezialisierung bedarf zwingend einer Kooperation.

Der **Spezialist** ist schon naturgemäß darauf angewiesen, mit anderen zusammenzuarbeiten. Da er nur das tut, was er besser als andere kann, müssen viele Aufgaben an andere **Partner** **delegiert** werden. Diese Kooperationen können ganz verschiedene Formen annehmen – von der gelegentlichen, lockeren Zusammenarbeit bis zur engen **Partnerschaft**.

### Kooperation ist für Sie immer erfolgreicher als Konkurrenz und Wettbewerb.

In unserer Leistungsgesellschaft gilt der **Wettbewerb** als der Motor des Fortschritts. Das ist richtig – aber der Kampf um Marktanteile kostet oft Geld, Kraft und Energie. Viel sinnvoller ist es, mit dieser Verschwendung aufzuhören und mit **gebündelten Kräften** im Interesse des Kunden zu arbeiten.

### Die gemeinsame Bündelung von Kräften erhöht nachhaltig Ihre Durchschlagskraft.

Erstens, weil durch Kooperation **Kräfte frei werden**, die zum Nutzen der Zielgruppe eingesetzt werden können. Zweitens, weil der **Durchbruch auf dem Markt** umso schneller geschieht, je präziser und stärker die Kräfte konzentriert werden.

### Kooperation bewirkt Synergie.

SYNERGIEEFFEKT

Zusammen erreicht man mehr als die Summe dessen, was jeder im Alleingang schaffen würde – vorausgesetzt, es treffen Partner aufeinander, die **komplementäre**, also sich ergänzende Fähigkeiten besitzen. Partner mit gleichem Wissen und gleichen Fähigkeiten können keine **Synergien** entwickeln.

# Wie finden Sie den optimalen Kooperationspartner?

## 1. Definieren Sie das Ziel der Kooperation:

Es lautet in jedem Fall, **gemeinsam** den **Nutzen für die Zielgruppe** zu steigern. Dies ist besonders wichtig, weil das Ziel immer den Weg der Partnerschaft festlegt. Nur mit diesem Ziel ist der dauerhafte Erfolg gesichert.

„KOOPERATIONSFÄHIGKEIT IST DIE WICHTIGSTE ALLER FÄHIGKEITEN IN VERNETZTEN SYSTEMEN."

## 2. Kooperieren Sie stets engpassorientiert.

Know-how, das nur vorübergehend oder einmalig benötigt wird, sollten Sie über **externe Berater** hinzukaufen.

ENGPASS

## 3. Suchen Sie systematisch nach Kooperationspartnern.

Überlassen Sie die Suche nicht dem Zufall, sondern erfassen Sie möglichst alle Personen, die Ihnen bei der Überwindung Ihres Engpasses behilflich sein können (**Minimumgruppe**). Suchen Sie einen Partner aus, der Sachkompetenz besitzt und mit dem Sie sich persönlich gut verstehen.

PARTNER

## 4. Suchen Sie einen komplementären Partner.

Viele Menschen machen den Fehler, sich mit Partnern gleichen Wissens zusammenzutun. Solche Verbindungen machen keinen Sinn, weil sich dort keine **Synergien** entwickeln.

KOMPLEMENTARITÄT

## 5. Sorgen Sie für eine Übereinstimmung der Kooperationsziele.

Seien Sie absolut sicher, dass Sie und Ihre Partner in den **Zielen** hundertprozentig **übereinstimmen** – oder führen Sie diese Übereinstimmung herbei, wenn sie nicht von vornherein gegeben ist. Das Ziel der Kooperation muss wie das Grundgesetz sein.

GLEICHE ZIELE

## 6. Vereinbaren Sie eine geistige Probezeit.

Bevor Sie auch nur einen Euro **gemeinsam investieren**, vereinbaren Sie eine geistige Probezeit, in der Sie Ihr **Konzept** zunächst einmal theoretisch **ausreifen lassen**. Erst wenn feststeht, dass Sie mit Ihrem Partner hundertprozentig übereinstimmen, sollten finanzielle Verpflichtungen eingegangen werden.

PROBEZEIT

ZUM RESTAURANT

# Erfolgsbeispiel zu Phase 6: IBB Technology – Technologieführerschaft durch strategische Kooperationen

Ein Handelshaus bringt es fertig, die innovativen Kräfte der Branche zu einer Kooperation zu bewegen. Mit dem daraus entstandenen Messgerät wird IBB Technology Marktführer für Hochpräzisions-Messgeräte in seinem Marktsegment.

### Lerngewinn

„Steigen Sie anderen auf die Schultern" ist ein bewährtes **Prinzip** der EKS-**Innovationsstrategie**. Anders ausgedrückt: erfinden Sie nicht immer wieder das Rad von Neuem, sondern bauen Sie auf Vorhandenem auf. Anhand des Fallbeispiels IBB Technology lernen Sie,

▶ wie man zielgerichtet innoviert,
▶ wie man Entwicklungszeiten durch Kooperationen dramatisch abkürzt,
▶ wie man EKS-gerecht diversifiziert.

### Vorgeschichte

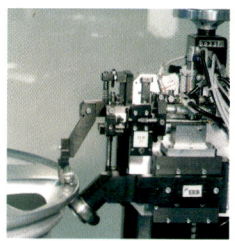

Als Gerhard Büttner 1985 die EKS kennen lernte, war er bereits fest in seinem späteren **Spezialgebiet**, der Messtechnik, verankert. Motiviert durch seine neuen Erkenntnisse machte er sich als Handelsvertreter für Messtechnik selbstständig. Bis 1992 ging es mit dem Unternehmen ständig bergauf – doch dann setzte sich Gerhard Büttner zusammen mit seinem Partner Helmut Raff ein recht ehrgeiziges Ziel: die beiden wollten **Marktführer** werden.

### EKS Phase 1: Stärkenanalyse

Das Team zeichnete sich durch hohe **Fachkompetenz** und genaue Kenntnis des Marktes aus. Außerdem verfügte man über sehr gute **Kontakte** zu Herstellern und Kunden in der Industrie.

### EKS Phase 2: Spezialgebiet

EKS-gerecht wurde zunächst das Geschäftsfeld definiert: es war die Dimensionsprüfung im Hochgenauigkeitsbereich. In diesem sehr anspruchsvollen, beratungsintensiven und hochpreisigen **Marktsegment** bestand die beste Chance, sich von den Wettbewerbern abzuheben.

76

### EKS Phase 3: Zielgruppen-Analyse

Als Zielgruppe wählte man zunächst die Automobilindustrie. Schon allein diese **Konzentration**
zahlte sich aus: Obwohl man sich von einigen
Herstellern und Produkten trennte, stiegen
Umsätze und Gewinne kontinuierlich an.

**KLEINERES
GESCHÄFTSFELD –
GRÖSSERE UMSÄTZE**

### EKS Phase 4: Problemanalyse

Der einzige **Engpass** war das typische **Dilemma** eines Handels-
hauses: es ist für den Vertrieb, nicht aber für die Produktentwicklung zuständig. Die Hersteller hörten zwar hin, wenn die
Händler **Verbesserungswünsche** der Kunden äußerten, doch nur
in seltenen Fällen wurden diese Hinweise in **Produktinnovatio-
nen** umgesetzt. Genau diese sind aber notwendig, wenn man
Marktführer – also bester Problemlöser für seine Zielgruppe –
werden und bleiben will.

### EKS Phase 5: Innovation

Dass der Vertrieb eher als Störfaktor denn als willkommener
**Impulsfaktor** gesehen wird, mussten auch die beiden IBB-Ge-
schäftsführer erfahren, als sie 1992 den Herstellern die
Innovationswünsche ihrer Kunden präsentierten. Und das war
auch nicht weiter verwunderlich. Denn was die beiden bei den
Produzenten eingefordert hatten, war nichts anderes als eine
wahre „Supermaschine", welche die **Wettbewerbsvorteile** sämtli-
cher auf dem Markt befindlicher Geräte in sich vereinen sollte.
Vorangegangen war die **Stärkenanalyse** (EKS Phase 1) aller
Konkurrenzprodukte. Von einem Produkt sollte die „Supermaschine" die höchste Genauigkeit, von einem anderen den
größten Messbereich und von einem weiteren den günstigen
Preis haben. Das war ungefähr so, als würde man von einem
Automobilhersteller verlangen, er möge einen Porsche zum
Preis eines Polo bauen, der außerdem nur zwei Liter Benzin ver-
brauchen dürfe. Spätestens jetzt hätten strategisch unerfahrene
Menschen aufgegeben – Gerhard Büttner jedoch wusste, dass
sein Ziel keineswegs so utopisch war, wie es auf den ersten Blick
aussah.

**GESUCHT:
DIE „SUPERMASCHINE"**

### EKS Phase 6: Kooperation

Immer dann, wenn die eigenen Kräfte nicht ausreichen, um ein Ziel zu erreichen, liegt die Lösung in der Kooperation. Gerhard Büttner und Helmut Raff analysierten die **speziellen Stärken** ihrer Vertragsfirmen und siebten zwei Partner heraus: einen Zulieferer für das lasergestützte Messsystem und einen anderen für die Mechanik. Zunächst wollten beide von einer **Kooperation** nichts wissen – das Konkurrenzdenken überwog. Schließlich gaben zwei Gründe den Ausschlag: IBB übernahm die Entwicklungskosten, und da die Auftragslage nicht besonders rosig war, ließ man sich durch die zu erwartenden Umsätze zu einer Zusammenarbeit motivieren. Bei beiden Kooperationspartnern waren wegen der Rezession **Entwicklerkapazitäten** frei – und Gerhard Büttner konnte die Ingenieure dazu motivieren, das neue Projekt in **Rekordzeit** abzuschließen. Denn bis zur nächsten Fachmesse blieben nur drei Monate Zeit.

Zusammen mit den **Stärken** der IBB Technology-Geschäftsführer – der Marktkenntnis und Vertriebsstärke – war das richtige **Team** beisammen. Dass die Maschine ein durchschlagender Erfolg sein würde, davon waren alle überzeugt. Denn das **Spezialgebiet** der Hochgenauigkeitsmessung war mit Einführung der Qualitätsnorm DIN/ISO 9000 höchst ergiebig geworden, da nun alle Messmittel regelmäßig überprüft werden mussten.

Anhand der **Zielgruppenprobleme (EKS Phase 4)** wurde ein Pflichtenheft erstellt. Die neue Maschine sollte
▶ die preisgünstigste sein
▶ durch ein herausnehmbares Messsystem vielseitig verwendbar sein
▶ über das genaueste Messsystem der Welt verfügen
▶ Veränderungen des zu prüfenden Teiles ausgleichen
▶ von Umweltbedingungen wie Temperatur, Luftdruck und Luftfeuchtigkeit unabhängig sein.

Genau Letzteres war eine **Revolution** in der Hochgenauigkeitsmessung, denn mit Hilfe der Lasertechnik und einem Umweltsensor konnte der Kunde einen teuren Klimaraum einsparen.

Schon im Mai 1993 wurde das auf den Namen TWIN CHECK getaufte Gerät mit großem **Erfolg** auf der wichtigsten Fachmesse Control präsentiert. Vier Wochen nach der Nullserienfertigung begann der Verkauf in der IBB-Kernzielgruppe, der Automobil-industrie.

### Die Erfolge

In der Praxis zeigte sich, dass der „**zwingende Nutzen**" – die Unabhängigkeit von einem Klimaraum – von den Kunden gar nicht als zwingend empfunden wurde. „Unser Problem war, dass dies für die meisten Kunden von uns kein Problem war", erinnert sich Gerhard Büttner. „Die meisten Menschen sehen das Problem erst, wenn sie die Lösung dafür sehen." Dazu kam, dass die Kunden einfach nicht glauben konnten, dass man eine derart leistungsfähige Maschine zu einem so günstigen Preis bauen konnte. Nur aufgrund der guten **Beziehungen** bekam man den ersten Termin bei einem Automobilher-steller – und konnte nach einer eindrucksvollen Präsentation die erste Maschine verkaufen. Mit den ersten **Referenzkunden** ging alles Schlag auf Schlag: Schon im letzten Quartal 1993, also unmittelbar nach der Markteinführung, konnte IBB Technology nachweislich mehr verkaufen als einige etablierte Konkurrenten im ganzen Jahr. Damit war das innovative Unternehmen in konkurrenzlos kur-zer Zeit zum Marktführer in diesem Segment avanciert.

So viel Initiative wurde 1994 mit dem Innovationspreis des Landes Baden-Württemberg belohnt, wo sich IBB Technology mit dem TWIN CHECK gegen 120 Mitbewerber durchsetzen konnte. 1997 kam dann der Innovationspreis der deutschen Wirtschaft dazu. Mittlerweile stehen IBB-Produkte auf der ganzen Welt, und es gibt eine Vertriebsniederlassung in den USA. Alle namhaften Automobilkonzerne und viele Zulieferer stehen auf der Kundenliste.

**DER ZWINGENDE NUTZEN**

**INNOVATIONSPREISE**

### EKS Phase 7: Konstantes Grundbedürfnis

Nach dem Erfolg des TWIN CHECK wurde nach neuen Produkten gesucht, da das angestammte Marktsegment zu klein für größere Stückzahlen in der betreffenden Zielgruppe war. Eine Analyse der am häufigsten vorkommenden Produktionsteile und ein Abgleich mit den Stärken von IBB Technology ergab als **Innovationsziel** ein flexibles Wellen-Messsystem. Mit dem gleichen Kooperationspartner entwickelte man 1995 das Dreh-Messzentrum TWINNER, mit dem Präzisionsdrehteile vermessen werden. Schon ein Jahr nach der Markteinführung wurden 200 Stück verkauft; mittlerweile ist fast die gesamte europäische Autoindustrie damit ausgerüstet. Auf **Anregung** eines schwedischen Automobilherstellers entwickelte man einen „TWINNER XXL" für die Vermessung von Kurbelwellen. Dies sind die kompliziertesten Teile im Motor und entsprechend schwierig zu messen. Mit dem TWINNER XXL konnten Kurbelwellen in beliebiger Reihenfolge und mit den unterschiedlichsten Merkmalen gemessen und dokumentiert werden.

Das Beispiel TWINNER XXL zeigt etwas ganz EKS-Typisches: die **Konzentration** auf ein messtechnisch komplexes rotationssymmetrisches Teil – die Kurbelwelle – war **Auslöser** für zielgerichtete **Innovationen**. Durch ständige Analyse der Messprobleme bei den Autoherstellern entstand ein sehr genaues Wissen um die Problematik. Die Komplettlösung „Messen von Kurbelwellen" war dann ein logischer Schritt und eine absolut sinnvolle Diversifikation innerhalb des konstanten Grundbedürfnisses. Ziel war es, bester Problemlöser für das Messen von PKW-Kurbelwellen zu werden. Für die Automatisierung und Nachsteuerung der Produktionsanlagen brauchte man einen weiteren Kooperationspartner, den man im Jahr 2000 fand. „Ebenfalls im Jahr 2000 eröffneten wir eine Tochtergesellschaft in den USA, um die drei großen amerikanischen Automobilhersteller als Kunden zu gewinnen", erinnert sich Gerhard Büttner. „Wir wollten zunächst bei einem den **Durchbruch** schaffen und bekamen nach langen

Verhandlungen einen Präsentationstermin, zu dem überraschenderweise alle Verantwortlichen aus allen Werken erschienen. Nach anfänglicher Skepsis waren am Ende alle überzeugt, und es fiel die Entscheidung, alle Kurbelwellen-Fertigungslinien in USA mit dem TWINNER XXL auszurüsten." Ende Februar 2001 bekam man gegen den erbitterten Widerstand des damaligen Weltmarktführers einen weiteren **Großauftrag** in Europa: die Lieferung und Integration der gesamten Messtechnologie für eine Kurbelwellenfertigung, bei der Maßabweichungen automatisch gesteuert werden.

Gibt es irgendwelche **Spezialisierungsrisiken** im Bereich Hochpräzisions-Messtechnik? Gerhard Büttner kann keine entdecken. Im Gegenteil: „Je mehr in der Produktion rationalisiert wird, desto höher sind die Qualitätsansprüche und desto exakter muss vermessen werden. Außerdem sind wir über unsere **Strategie** abgesichert: Durch die Kombination von **Kooperationen** mit **Spezialisten** und die **Integration** von Standards in Gesamtlösungen sind wir in einer einmaligen Position."

**STRATEGISCHE KOOPERATIONEN**

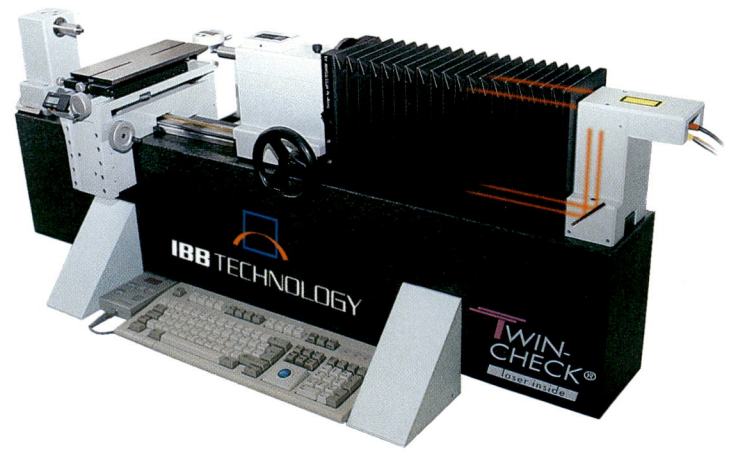

**IBB Technology - Zusammenfassung**

**EKS Phase 1 – Spezielle Stärken:** Beste Marktkenntnis über alle Anbieter auf dem Gebiet der Messtechnik und weltweite Kundenkontakte, Netzwerk von Kooperationspartnern

**EKS Phase 2 – Erfolgversprechendstes Spezialgebiet:** Hochpräzisions-Messtechnik sowie Spezialisierung auf das Messen von hochkomplexen Teilen

**EKS Phase 3 – Erfolgversprechendste Zielgruppe:** Unternehmen, die hochgenau Werkstücke und Werkzeuge vermessen müssen, insbesondere die Automobilindustrie und deren Zulieferer weltweit

**EKS Phase 4 – Brennendstes Problem der Zielgruppe:** exakte Messergebnisse, kostengünstige und unkomplizierte Vermessung, Ermittlung von Qualitätsdaten und deren Verarbeitung

**EKS Phase 5 – Innovation:** von Klimaräumen unabhängige Hochpräzisions-Messgeräte, flexible Universallösungen

**EKS Phase 6 – Kooperation:** mit den innovativsten Anbietern in der Messtechnik-Branche, ohne dass eine Konkurrenzsituation entsteht

**EKS Phase 7 – Konstantes Grundbedürfnis:** Weltweite Austauschbarkeit von Bauteilen durch hochpräzise Fertigung und Qualitätskontrolle

Kontakt: www.ibbtechnology.com

# 7 Leitsätze für erfolgreiche Kooperationsstrategien

## Phase 6: Kooperationsstrategie

**1.** Denken Sie neu: Kooperation ist für Sie immer erfolgreicher als Wettbewerb!

**2.** Durch strategisch richtige Kooperation reduzieren Sie den Wettbewerb auf ein Mindestmaß!

**3.** Kooperieren Sie stets engpassorientiert – kaufen Sie zeitweise externe Berater ein!

**4.** Suchen Sie komplementäre Kooperationspartner, um gemeinsame Synergien zu entwickeln!

**5.** Entwickeln Sie gemeinsam einen überzeugenden Nutzen für eine spezielle Zielgruppe!

**6.** Stellen Sie eine hundertprozentige Übereinstimmung der Kooperationsziele sicher!

**7.** Vereinbaren Sie eine geistige Probezeit, bevor Sie zusammen finanziell investieren!

**Meine drei wichtigsten Gedanken, Einsichten, Schlüsselworte:**

- 
- 
-

„ZIELGRUPPENBESITZ
IST WICHTIGER ALS
PRODUKTIONSMITTEL-
BESITZ."

### Spezialisierung auf variable Bedürfnisse ist riskant.

Sie ist dann gefährlich, wenn Sie sich auf Produkte oder Rohstoffe konzentrieren. Sie gehören nämlich allesamt zu denjenigen **Gütern**, die „**variabel**", also veränderlich und letztendlich **austauschbar** sind, um bestimmte Bedürfnisse zu erfüllen oder Probleme zu lösen.

### Spezialisierung auf konstante Bedürfnisse ist dauerhaft erfolgreich.

KONSTANTE BEDÜRFNISSE

**Konstant** sind **Grundbedürfnisse** wie beispielsweise Ernährung, Bekleidung, Information, Kommunikation, Mobilität. Variabel ist fast alles, was zur Befriedigung dieser Grundbedürfnisse dient, etwa Produkte, Rohstoffe, Know-how, Managementmethoden. Die Variablen werden ständig durch neue Lösungen ersetzt. Grundbedürfnisse (also die Konstanten) verändern sich dagegen nicht.
*Beispiel:* Bücher und Zeitschriften bekommen immer mehr Konkurrenz durch elektronische Medien wie Internet, Video, Datenbanken oder Multimedia. Diese Produkte sind allesamt Variablen, die das konstante Grundbedürfnis nach **Information** befriedigen.

### Sie sichern Ihre Marktposition langfristig ab.

MARKTSICHERUNG

Auch Sie sollten Ihre Marktposition langfristig absichern. Über kurz oder lang drängen Nachahmer in den Markt. Die Nachfrage nach jedem Produkt und jeder Leistung ist irgendwann einmal erschöpft. Produkte und Dienstleistungen müssen darum stets den wechselnden Problemen und Bedürfnissen der Zielgruppe **angepasst** werden. **Ständige Innovation** gemäß dem Echo der Zielgruppe ist die Grundvoraussetzung für langfristig risikolose Spezialisierung und dauerhaften Erfolg am Markt.

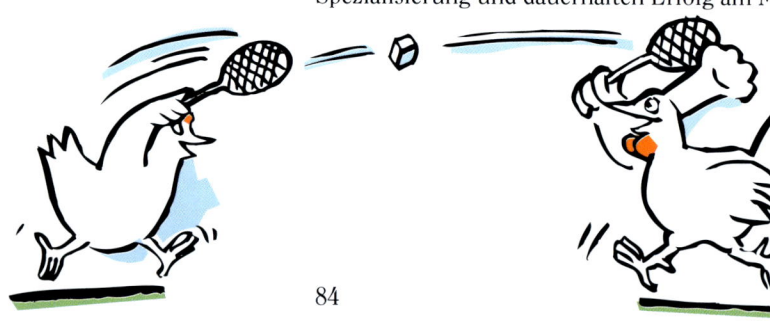

# Wie können Sie das konstante Grundbedürfnis abdecken?

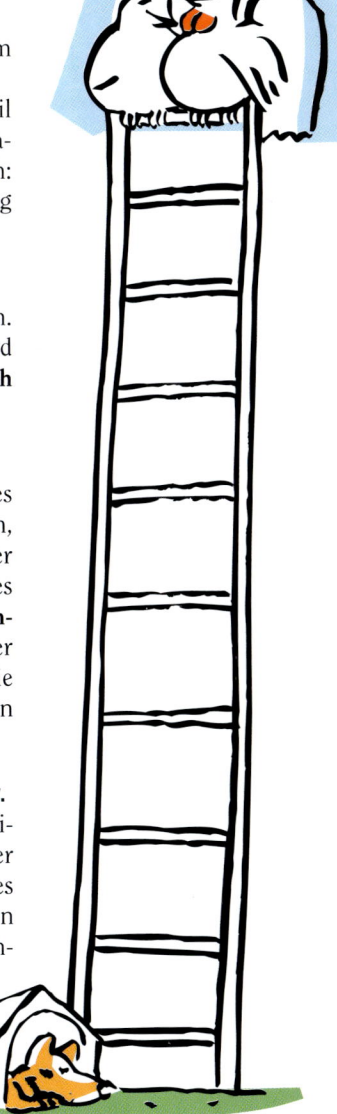

**1. Setzen Sie sich zum Ziel, dauerhaft der beste Problemlöser für Ihre Zielgruppe zu werden.**
Definieren Sie das **konstante Grundbedürfnis**, das hinter dem aktuell brennendsten Problem Ihrer Zielgruppe steht.
Die EKS-Strategie ist ein **lebenslanger Lernprozess**. Gerade weil sich die Variablen ständig ändern, müssen die Leistungen permanent über einen kybernetischen Lernprozess verbessert werden: Sie machen Ihrer Zielgruppe einen Verbesserungsvorschlag (**feed-forward**) und lernen an deren Echo (**feed-back**).

**2. Institutionalisieren Sie den Kontakt zu Ihrer Zielgruppe.**
Der kybernetische Lernprozess muss kontinuierlich ablaufen. Versuchen Sie also, mit repräsentativen, Ihnen vertrauten und aufrichtigen **Kunden** einen **dauerhaften Informationsaustausch** über Seminare oder Beiräte aufzubauen.

**3. Sammeln Sie immaterielles vor materiellem Vermögen an.**
Materielles Vermögen nutzt sich bei Gebrauch ab – immaterielles Vermögen wie Know-how, Kundenbindung und Kundenstamm, Patente und Lizenzen werden bei Gebrauch dagegen immer mehr wert. Materielles Vermögen macht abhängig, immaterielles nicht. Darum sollten Sie stets danach streben, „**Zielgruppenbesitzer**" statt Produktionsmittelbesitzer zu sein: Zwischen der Zielgruppe und ihrer Nachfrage nach Problemlösungen sowie den Anbietern fungieren Sie dann als eine Art Makler, über den alle Geschäfte laufen.

**4. Schöpfen, programmieren, multiplizieren Sie Ihr Know-how.**
Auch immaterielles Vermögen kann **materialisiert** werden, beispielsweise in Form einer Software, eines Handbuches, einer Checkliste oder eines kompletten Unternehmenskonzeptes (**Franchising**). Multiplizieren Sie Ihr Know-how mit Hilfe von **Partnern** oder Lizenznehmern, und nutzen Sie deren Erfahrungen und Feedback ständig für die Verbesserung Ihres Konzeptes. Kurz: Werden Sie zu einer **Denkzentrale**, die sich auf die Probleme der Zielgruppe spezialisiert hat. Die Ausführung können Sie getrost anderen überlassen.

# Erfolgsbeispiel zu Phase 7: Poxleitner & Kollegen Finanzdienstleistungen – Spezialisierungsrisiken souverän zum eigenen Vorteil nutzen

**Ein Finanzdienstleister konzentriert sich auf Schiffsbeteiligungen und wird Marktführer. Die Krise der Schiffsbranche nutzt das Unternehmen, um noch erfolgreicher zu werden.**

### Lerngewinn

Produktspezialisierungen bieten die schnellsten **Erfolge**, sie sind aber gleichzeitig die **riskantesten Spezialisierungen**. Das Beispiel der Poxleitner Finanzdienstleistungen zeigt,

▶ dass der Spezialist in relativ kurzer Zeit ein überlegenes Know-how ansammeln kann,

▶ dass Produktspezialisierungen dann völlig ungefährlich sind, wenn man sie mit einer sozialen Spezialisierung verbindet,

▶ dass sich Spezialisierungsrisiken in aller Regel frühzeitig ankündigen und in einen Vorteil gewendet werden können.

### Vorgeschichte

Werner Poxleitner war schon als junger Mann außerordentlich erfolgreich: Als Angestellter in der väterlichen Versicherungsagentur gewann er schon mit 19 Jahren den Verkaufswettbewerb des Versicherungskonzerns – und das im Bayerischen Wald, der finanzschwächsten Region der Republik. Kein Wunder: Lasen Altersgenossen lieber Comics und Krimis, bevorzugte das junge Verkaufstalent **Erfolgsautoren** wie Dale Carnegie und Napoleon

Hill. Über einen Freund wurde er auf den EKS-Kurs aufmerksam und ackerte den Kurs während seiner Bundeswehrzeit durch: „Ich war total fasziniert von Mewes' Gedanken und schwebte im siebten Ideenhimmel. Besonders die **EKS-Maxime** ‚Nutzen säen – Nutzen ernten‘ war bei mir auf fruchtbaren Boden gefallen." Zunächst konzentrierte er sich auf **Bauherrenmodelle**. Diese Zeit war für Poxleitners weitere Karriere prägend: „Wegen der enormen Steuervorteile kamen nach und nach immer mehr Bauherrenmodelle auf den Markt, die wirtschaftlich gesehen total unsinnig waren. Von Anfang an habe ich deswegen nur Immobilien verkauft, die auch ohne die Steuervorteile rentabel waren." 1983 war der Markt dann praktisch tot: Der Gesetzgeber hatte die Abschreibungsmöglichkeiten eingeschränkt, und die ersten Bauherrenmodelle waren Pleite gegangen. Da half auch die beste Nutzenstrategie nichts: etwas Neues musste her.

### EKS Phase 1: Stärkenanalyse

Herausragend waren Werner Poxleitners Vertriebsstärke, seine Motivation und seine Veränderungsbereitschaft.

PERSÖNLICHE STÄRKEN

### EKS Phase 2: Spezialgebiet

Poxleitner suchte sehr gewissenhaft nach einem neuen **Spezialgebiet**, das die Bauherrenmodelle ablösen sollte. 1985 kam er dann über einen Kollegen zum Thema „**Schiffsbeteiligung**" und war spontan begeistert: „Schiffe sind historisch gesehen immer ein Zeichen der Macht gewesen. Außerdem ist es ein lebendiges und dynamisches Produkt. Die Schiffsbeteiligung in Form der Partnerreederei ist die älteste Gesellschaftsform überhaupt." Schiffsbeteiligungen hatten gleich zwei **positive Eigenschaften**: Sie konnten Steuern sparen und wirtschaftlich arbeiten – doch nur unter ganz bestimmten Bedingungen.

### EKS Phase 3: Zielgruppen-Analyse

Die Zielgruppe war die gleiche wie im Geschäftsfeld „Bauherrenmodelle": es waren Steuerzahler, die einer sehr hohen Steuerprogression unterlagen.

KLARE ANALYSEN

### EKS Phase 4: Problemanalyse

Die Suche nach dem **brennendsten Problem** war ebenfalls nicht besonders aufwendig: die Anleger wollten am liebsten Investments mit hohen Steuervorteilen bei begrenztem wirtschaftlichen Risiko. Dem **hochkomplexen Produkt** „Schiff" sah man nicht gerade an der Bugspitze an, ob es seinen Eignern einmal Gewinne oder Verluste bescheren würde. Um das mit großer Sicherheit vorhersagen zu können, benötigte man viel Fachwissen. Hier zeigte sich überdeutlich der größte Vorteil der Spezialisierung: Wer sich auf ein **eng begrenztes Feld** konzentriert, beherrscht dieses schon nach kurzer Zeit besser als jeder andere. Während konventionelle Anlageberater Dutzende von Anlageprodukten im Portfolio haben und über jedes mehr schlecht als recht Bescheid wissen, erwarb Werner Poxleitner auf seinem **Spezialgebiet** schon in kurzer Zeit ein enormes Detailwissen. Nach der Entscheidung für das Thema „Schiff" nutzte er jede Gelegenheit, um den Schiffsmarkt kennen zu lernen. Mehrere Wochen verbrachte er auf Werften und suchte das Gespräch mit Reedern, Schiffs- und Frachtmaklern.

**EKS Phase 5: Innovation**
Normalerweise konzentrieren sich Anlageberater auf die steuerlichen Vorteile dieser Anlageform und vertrauen hinsichtlich der Wirtschaftlichkeit des Schiffes ausschließlich auf die Angaben im Emissionsprospekt. Die große Mehrzahl hat noch nie ein Containerschiff von innen gesehen. Werner Poxleitner wollte dagegen selbst die **Rentabilität** eines Schiffes einschätzen können. Die **Innovation** sollte genau darin liegen: er wollte besser als jeder andere herausfinden, welche Schiffe die größten Gewinne für die Anleger einfahren würden.

**DIE KRITISCHEN FAKTOREN**

Die Rendite einer Schiffsbeteiligung hängt aber von einer ganzen Reihe von **Unwägbarkeiten** ab. Dazu Poxleitner: „Für hohe Barausschüttungen braucht man einen Reeder, der etwas von seinem Geschäft versteht, damit man gute **Charterraten** erzielt. Außerdem müssen Preis und **Technik** des Schiffes stimmen. Manche Frachter sind zu langsam. Die Luken lassen sich schlecht öffnen, **Ersatzteile** sind schwer zu beschaffen. Es sind Schiffe auf dem Markt, die vor zehn Jahren entwickelt wurden und immer weiter gebaut werden, um Kosten zu sparen." Über den **Veräußerungserlös** entscheidet schließlich der Zustand des Schiffes sowie die Nachfrage am Gebrauchtmarkt.

**ZUSATZNUTZEN**

Doch herausragende Renditen waren nur ein Teil der Innovationen – mit vielen anderen Maßnahmen wurde ein echter **Kundennutzen** geboten:

▶ Die Anleger konnten „ihr" Schiff bei der Taufe und der Jungfernfahrt höchstpersönlich inspizieren. Poxleitner organisierte solche Fahrten, damit die Anteilseigner ihr Schiff und den

Reeder kennen lernten. Diese Events waren so beliebt, dass zuweilen eigens ein Flugzeug dafür gechartert wurde.

▶ Die Schiffsbeteiligung war keine liquide **Anlageform**. Wer erst einmal seinen Anteil gekauft hatte, bekam seinen Einsatz erst zurück, wenn das Schiff verkauft wurde. Geriet jedoch ein Anleger finanziell in die Klemme, ließ Poxleiter nichts unversucht, damit dieser seinen Anteil zu einem **fairen Preis** wieder verkaufen konnte.

▶ Den Gipfel der **Kundenorientierung** erlebte ein Anleger, der in ein Pleite-Schiff investierte. Werner Poxleitner zahlte ihm sein eingesetztes Kapital aus eigener Tasche zurück. „Im Nachhinein war das sogar fast so etwas wie ein Glücksfall, denn unter meinen Kunden sprach sich das herum wie ein Lauffeuer", erinnert sich Poxleitner an diesen einmaligen Ausrutscher. Woran lag es? „Das war das erste Mal, dass wir ein Schiff nicht selbst geprüft und uns auf die Empfehlung einer Großbank verlassen haben."

MATERIELLE SICHERHEIT

**EKS Phase 6: Kooperation**
Bei jeder Form der Kapitalanlage ist der größte **Engpassfaktor** das Vertrauen, und besonders großes Vertrauen erfordert die sehr komplexe Schiffsbeteiligung. Diesen Engpass löste Werner Poxleitner, indem er die **Kooperation** mit den Steuerberatern suchte. Diese wissen als Erste, wann bei einem Mandanten Handlungsbedarf besteht, und sie sind auch die Ersten, von denen ein Anleger einen Steuerspar-Tipp verlangt oder dem er ein Angebot zur Prüfung vorlegt. Werner Poxleitner warb nun mit folgenden Maßnahmen um das Vertrauen:
Erstens verwies er auf **prominente Investoren**: Konzerne wie Dr. Oetker, Tchibo, Warsteiner oder Allianz hatten schnell herausgefunden, wie schön sich die Gewinne auf dem Seeweg steuersparend mehren ließen, und schon früh etliche Milliarden in große europäische Reedereien investiert.

DIE ENGPÄSSE

DIE LÖSUNGEN

Zweitens lud Poxleitner die Steuerberater seiner Region zu einem Informationswochenende nach Hamburg ein. Dort lernten sie Reeder kennen und konnten sich aus erster Hand von der **Solidität** dieser Anlageform überzeugen.

Diese vertrauensbildenden Maßnahmen trugen schnell Früchte: Die ersten Kunden waren die Steuerberater, die dann im Laufe der Zeit ihre Mandanten auch zu Poxleitner schickten.

### Die Erfolge

So viel Know-how wird durch überdurchschnittliche Renditen belohnt. Durchschnittlich rund 26 Prozent Rendite nach Steuern pro Jahr erzielten die 48 Poxleitner-Schiffe, die bis 2000 veräußert wurden.

ERFOLG IN ZAHLEN

Im ersten Jahr konnte Werner Poxleitner für 7 Millionen DM **Schiffsbeteiligungen** verkaufen, 1997 waren es schon 160 Millionen, dazu kamen 50 Millionen an anderen Beteiligungsformen. Mit einem für Finanzdienstleister sensationellen Marktanteil von 8 Prozent war Poxleitner Marktführer für Schiffsbeteiligungen. Durch die enge Vernetzung mit den maßgeblichen Reedern, Treuhändern und Schiffsmaklern ist er stets der erste, der Insidertipps zu Schiffsneubauten bekommt – ebenfalls eine unmittelbare **Folge** der **Spezialisierung**. Bis Ende 2000 hat die mittlerweile zur Poxleitner & Kollegen Finanzdienstleistungen umfirmierte Gesellschaft 3000 Kunden, die ein Vermögen von insgesamt 2,6 Milliarden DM dort angelegt haben.

### EKS Phase 7: Konstantes Grundbedürfnis

DIE RISIKEN

Produktspezialisierungen (wie hier die Konzentration auf das Produkt „Schiffsbeteiligung") gelten als **hochprofitabel**, aber ebenfalls als **hoch riskant**. So auch in diesem Fall: der Gesetzgeber hat die enormen Steuervergünstigungen für Schiffsbeteiligungen gekappt. Schiffe, die nach dem 25.4.1996 bestellt wurden, mussten degressiv abgeschrieben werden, was die Rentabilität drastisch reduzierte. Drohte Werner Poxleitner, der 80 Prozent seines Geschäftes aus Schiffsbeteiligungen schöpfte, das **Aus**? Keineswegs. Als guter EKS-Kenner hat Werner Poxleitner vorgesorgt und sich beizeiten auf das **konstante Grundbedürfnis**

konzentriert, das hinter der Anlageform „Schiffsbeteiligung"
steht: die rentable, steuersparende Kapitalanlage.

Heute gibt es in dem mittlerweile auf 22 Köpfe angewachsenen
Unternehmen Poxleitner Experten für Medienfonds, für Wind-
kraftparks oder für Flugzeug-Leasingsfonds. Wie zuvor bei
Schiffsbeteiligungen konzentriert man sich darauf, die **betriebs-
wirtschaftlichen Chancen und Risiken** der jeweiligen Anlagen zu
ermitteln und aus der Masse der Angebote die besten herauszu-
filtern. Seit dem Jahr 2000 geht man diesen Weg mit allergröß-
ter Konsequenz und hat sich zusätzlich auf das Gebiet Private
Equity spezialisiert: Vermögende Anleger können sich an ausge-
wählten Start-up-Unternehmen beteiligen, die überdurchschnitt-
lich **große Renditeerwartungen** aufweisen. Der Wandel vom
Spezialisten für Schiffsbeteiligungen zum Spezialisten für rentable
Kapitalanlagen ist damit endgültig vollzogen. Im Jahr 2000 wurden dort 120 Millionen DM in Schiffsbeteiligungen investiert,
darunter extrem kostengünstige Exklusivangebote in Zusammenarbeit mit einem Reeder in Form eines Private Placement.
Weitere 100 Millionen DM entfielen auf andere Produktbereiche.

**DIE ERFOLGE**

**WERNER POXLEITNER
UND SEIN TEAM**

**Poxleitner & Kollegen Finanzdienstleistungen - Zusammenfassung**

**EKS Phase 1 - Spezielle Stärken:** Einsatzbereitschaft, Know-how über steuersparende Finanzanlagen
**EKS Phase 2 – Erfolgversprechendstes Spezialgebiet:** Schiffsbeteiligungen
**EKS Phase 3 – Erfolgversprechendste Zielgruppe:** Steuerpflichtige mit hohem Progressionssatz
**EKS Phase 4 – Brennendstes Problem der Zielgruppe:** Steuersparende und wirtschaftlich rentable (Wieder-) Anlagemöglichkeiten
**EKS Phase 5 – Innovation:** Vollständige Risikoprüfung der Anlage
**EKS Phase 6 – Kooperation:** Reeder, Makler, Emissionshäuser, Steuerberater
**EKS Phase 7 – Konstantes Grundbedürfnis:** steuersparende und rentable Kapitalanlagen.

Kontakt: www.poxleitner.de

Mehr Erfolg

Multiplikation des Konzeptes

Größter Kundennutzen

Starke Attraktivität

Begrenzung des Lernfeldes

Konzentration auf Schiffsbeteiligungen

Große Krisensicherheit

Hohe Markttransparenz

Steigende Umsätze

Überragendes Know-how

Starke Kundenbindung

Steigende Gewinne

EKS-ERFOLGSSPIRALE AM BEISPIEL POXLEITNER UND KOLLEGEN FINANZDIENSTLEISTUNGEN

# 7 Leitsätze für konstante Grundbedürfnisse

## Phase 7: Konstantes Grundbedürfnis

**1.** Ihr Ziel: Werden Sie zum Zielgruppen-Besitzer – statt zum Produktionsmittel-Besitzer!

**2.** Werden Sie dauerhaft bester Problemlöser und Innovator für Ihre Zielgruppe!

**3.** Spezialisieren Sie sich nicht auf variable, sondern auf konstante Grundbedürfnisse!

**4.** Integrieren Sie das konstante Grundbedürfnis in Ihre Unternehmensziele und -leitsätze!

**5.** Institutionalisieren Sie den Kontakt zu Ihrer Zielgruppe (kybernetischer Lernprozess)!

**6.** Materialisieren Sie immaterielles Vermögen durch Multiplikation Ihrer Leistungen!

**7.** Entwickeln Sie sich zu einer Denkzentrale, die Ihre Leistungen per Franchising vermarktet!

**Meine drei wichtigsten Gedanken, Einsichten, Schlüsselworte:**

- 
- 
- 

93

# EKS als Lebensstrategie

Von Edgar K. Geffroy

ERFOLG DURCH EKS

Als ich Ende des Jahres 2000 die Rechte zur Vermarktung der EKS-Strategie erhielt, war mir sehr bewusst, um welch erfolgversprechende Strategie es sich dabei handelt. Denn im Laufe der vergangenen Jahre wurde für mich immer deutlicher, dass mein eigener Erfolg als Mensch und Unternehmer auf den Prinzipien genau dieser Strategie basiert. Dass allerdings jede einzelne Phase der EKS-Strategie explizit auf die Abschnitte meines Lebens einwirken würde, wurde mir erst jetzt deutlich. Mir wurde klar, wie wandelbar und vielseitig anwendbar diese Strategie ist: Sie ist eine umfassende Lebensstrategie und damit auch die Strategie meines Lebens.

Mein eigener Werdegang soll Ihnen aufzeigen, wie flexibel bzw. allgemeingültig Sie die EKS-Strategie für sich nutzen können. Der Grund dafür ist, dass sie auf naturkonformen Gesetzen basiert. Auch die Gesetze der Natur bleiben jedoch in sich wandelbar – ebenso meine Erfolgsgeschichte.

**Meine Stärke als Redner**
**Phase 1: Ist-Analyse und spezielle Stärken**

KONZENTRATION
AUF DIE STÄRKE

Schon in der Schule wurde mir nachgesagt, dass ich mit meinen Berichten und Erzählungen andere begeistern konnte, und genau das war mir bewusst. Ich konzentrierte mich also auf das Talent, Menschen begeistern zu können.

Die Eigenschaft, anders als andere zu sein, nutze ich zu 100 Prozent. Schon in jungen Jahren schuf ich mir ein klares Profil, mit dem ich mich unverwechselbar positionieren konnte. Ein sehr wichtiger Aspekt war und ist dabei, dass mir die Anwendung meiner Stärken sehr viel Spaß macht. Und wie wir wissen, ist es ein ungeschriebenes Gesetz, dass man das, was einem Spaß macht, in den meisten Fällen auch sehr gut macht. Aufgrund dieser Konzentration auf meine persönlichen Stärken zeichnete mich die Zeitschrift „GQ" im letzten Jahr als einen der führenden Wirtschaftsredner aus. Die „Wirtschaftswoche online" platzierte mich in die Top-Ten der bedeutendsten Motivationstrainer.

94

Damit bewies sich einer der Kernsätze der EKS: „Wer sich konzentriert, wächst; wer sich verzettelt, schrumpft." Entscheidend ist: Die Stärken zu verbessern ist zentraler, als Schwächen auszumerzen. Meine Stärke nutze ich bis heute. Machen auch Sie Ihre Stärke zur Grundlage künftiger Erfolge!

**BESSER STÄRKEN STÄRKEN ALS SCHWÄCHEN SCHWÄCHEN**

## Meine Seminare und Vorträge
## Phase 2: Das erfolgversprechendste Spezialgebiet

Um das erfolgversprechendste Spezialgebiet zu finden, ist es unerlässlich, die eigene Zielgruppe und den Markt permanent zu beobachten und sensibel auf Veränderungen zu reagieren. Ein erfolgversprechendes Spezialgebiet finden Sie immer dann, wenn Sie für die Probleme der Zielgruppe Lösungen anbieten und die Engpassfaktoren[1] beseitigen. In unserer schnelllebigen Zeit ändern sich auch die Bedürfnisse und Wünsche unserer Kunden immer rascher. Genau darauf müssen Sie sich als Unternehmer einstellen, um Ihr Spezialgebiet immer wieder zu „aktualisieren".

**DIE ZIELGRUPPE ZEIGT DAS SPEZIALGEBIET**

Als Unternehmensberater war ich einige Jahre im klassischen Bereich der Projektarbeit erfolgreich; später passte ich mich den Wünschen meiner Kunden nach weniger zeitaufwendigen Lösungen an und reagierte auf die große Nachfrage nach Seminaren und Vorträgen.

**DIE ZIELGRUPPE ZEIGT DIE INNOVATIONSRICHTUNG**

Mittlerweile befinden wir uns im Zeitalter der **elektronischen Kommunikation**. Die Arbeitszeiten werden flexibler und Arbeitsplätze immer mobiler. Die Technik ermöglicht flexibles Arbeiten zu jeder Zeit und an jedem Ort der Welt.

---

[1] von mir als „Kittel-Brenn-Faktoren" bezeichnet

**DIVERSIFIKATION UND GRUNDBEDÜRFNIS**

Dadurch wird es zunehmend schwieriger, Kunden oder Mitarbeiter für eine Veranstaltung oder ein Seminar an einem bestimmten Tag zu versammeln. Dennoch ist die Nachfrage nach Weiterbildung und Beratung nicht geringer geworden – im Gegenteil: Nie war dies so wichtig wie heute. Aber das Wissen muss heute auf anderen Wegen vermittelt werden.

Für mich konnte dieser Weg nur über die Neuen Medien führen. Lernen am Arbeitsplatz oder zu Hause, morgens, abends oder sogar nachts – das **Internet** eröffnet diese Möglichkeit des individuellen Lernens. Bereits die ersten Veröffentlichungen über E-Learning aus den USA hatten mich begeistert. So begann ich schon sehr früh, potenzielle Partner zu suchen, die mir bei der Realisierung eines E-Learning-Projektes helfen konnten.

Zu jener Zeit erwies es sich als nicht einfach, qualifizierte Partner zu finden. E-Learning steckte in Deutschland noch in den Kinderschuhen. Nach intensiven Recherchen fand ich schließlich ein Unternehmen, und wir begannen unverzüglich mit der Umsetzung. Anfangs mussten wir einige Rückschläge hinnehmen: Teilweise ließen sich unsere Vorstellungen nicht wie gewünscht realisieren, oder die Technik machte uns einen Strich durch die Rechnung. Aber mittlerweile sind wir so weit, dass wir unseren Kunden noch in diesem Jahr „echtes" **E-Learning** anbieten können.

Dieser Anpassungsprozess bestätigt die Wirksamkeit der EKS-Strategie: Ich passe mein klar definiertes Spezialgebiet den Bedürfnissen meiner Kunden an und setze es auf diese Weise weiterhin gewinnbringend für meine Zielgruppe ein.

**Meine Anfänge mit der EKS bei der Firma Klöckner
Phase 4: Das von der Zielgruppe als am brennendsten
empfundene Problem (1)**

1976 hatte ich bei der Klöckner AG als Sachbearbeiter begonnen. Ich verkaufte Stahl an Großkunden in Südeuropa. Die Arbeit machte mir Freude, zumal ich durch mein Verkaufstalent sehr gute Erfolge erzielte. Damit wollte ich mich jedoch nicht begnügen. Meine Vision, die sich zu einem klaren Ziel entwickelte, war: „Ich will nach oben!"

**EKS IM VERKAUF**

In einer Zeitung entdeckte ich zu dieser Zeit eine EKS-Anzeige mit der Überschrift: „Ihre Strategie ist falsch!" Allein dieser Satz machte mir damals klar, dass ich (noch) keine eigene Strategie für mein Leben entwickelt hatte. Meine Neugier war geweckt, und ich forderte weitere Informationen an. Für den angebotenen EKS-Fernkurs musste ich damals zwar ein halbes Monatsgehalt investieren, aber es sollte sich auszahlen.

Ich wollte mein Wissen natürlich sofort in die Praxis umsetzen und begab mich zunächst auf die Suche nach dem „brennendsten Problem" meiner Zielgruppe. Damals, in den 70-er Jahren, war das Problem, auf das ich stieß, noch ganz simpler Natur: Es ging in erster Linie darum, Lieferzeiten und Preise einzuhalten. Das klingt heute banal, war aber für die Stahlhändler alles andere als einfach. Die Händler waren nämlich darauf angewiesen, dass ihre Lieferanten den getroffenen Vereinbarungen nachkamen. Taten sie das nicht, waren den Händlern die Hände gebunden.

**ENGPÄSSE ERKENNEN**

Das Problem lag beim Zulieferer Thyssen. Erschwerend kam hinzu, dass die Unternehmen Thyssen und Klöckner schon fast traditionell verfeindet waren. Wo sollte ich also beginnen?

Wichtig war, dass ich den Verantwortlichen bei Thyssen kannte. Daher wusste ich, welch leidenschaftlicher Skatspieler dieser ältere Herr war. Nur aus diesem Grund habe ich damals das

**ZENTRALER ENGPASS
KOMMUNIKATION**

Skatspielen erlernt und trainiert. Mit dieser neuen gesellschaftlichen „Fähigkeit" war es mir möglich, meine Lieferzusagen nach Mitternacht am Skattisch auszuhandeln. Der **zentrale Engpass** – beseitigt durch persönlichen Einsatz und ein Kartenspiel – lag also in einer **Störung der Kommunikation**!

Mein Engagement wurde schnell durch neue Verkaufserfolge und eine verbesserte Kundenbindung belohnt. Durch die Konzentration auf das brennendste Problem meiner Zielgruppe entwickelte ich mich, wie die EKS-Strategie vermuten lässt, zu einem erfolgreichen Verkäufer bei Klöckner. Als ich 24 wurde, wollte ich – durch die Erfolge beflügelt – befördert werden, aber meine Vorgesetzten winkten ab. Nach der Absage war für mich klar, dass es Zeit für etwas einschneidend Neues war.

**Meine Rolle als Dienstleister bei der Unternehmensberatung Mercuri Goldmann**
**Phase 3: Die erfolgversprechendste Zielgruppe**

EKS IN DER
KARRIERESTRATEGIE

1980 wechselte ich als einer der jüngsten Trainer zur renommierten Trainings-Gesellschaft Mercuri Goldmann. Meine bisherigen Erfahrungen in den Bereichen Verkaufsförderung und Motivation konnte ich in dieser Position weiter ausbauen, da ich hier ebenfalls strategisch weiterdachte. Auch hier stand die EKS Pate für meine weitere Entwicklung.

INNOVATION: DAS
STRUKTURIERTE
VERKAUFSGESPRÄCH

Meine Strategie bestand darin, mich konsequent auf die erfolgversprechendste Zielgruppe – zu jener Zeit die der Verkaufsingenieure – zu konzentrieren. Entsprechend orientierte ich mich an den Bedürfnissen dieser Zielgruppe und entwickelte für sie eine eigene Verkaufsmethode: das **strukturierte Verkaufsgespräch**.

Diese Methode sprach die Verkaufsingenieure, die strukturiertes Denken gewohnt waren, äußerst erfolgreich an. Der Verkaufsmethode gab ich den Namen „Reißverschluss", wobei jeder einzelne Buchstabe eine gesonderte Bedeutung hatte. Bereits durch diese Vorstrukturierung konnte ich meine Zielgruppe besser motivieren.

98

Aufgrund meiner Erfolge als Verkaufstrainer wurde mir mit 29 Jahren ein bedeutendes Angebot von Mercuri gemacht: Ich sollte innerhalb der Mercuri Organisation ein internationales Projekt leiten. Dieses Angebot schlug ich jedoch aus und entschied mich stattdessen für die Selbstständigkeit, die mir auf der Basis meiner bisherigen beruflichen Erfahrungen größere Weiterentwicklungsmöglichkeiten bot.

## Meine Rolle als Unternehmer
## Phase 4: Das von der Zielgruppe als am brennendsten empfundene Problem (2)

Als selbstständiger Unternehmer konzentrierte ich mich auf das brennendste Problem meiner Zielgruppe, die ich bereits durch meine Anstellung bei Mercuri Goldmann gefunden hatte. Ein damaliger Kunde der Firma Mercuri, sein Name war Hias Oechsler, überzeugte mich, gemeinsam die Trainingsfirma „Geffroy & Oechsler" zu gründen. Die Zielgruppe der Vertriebsingenieure, ganz speziell die der Finanzdienstleister, stand bereits fest. Unser Unternehmen entwickelte sich dank konsequenter Befolgung der EKS zunächst überaus positiv: 1991, fast sieben Jahre nach der Gründung, beschäftigten wir 20 Trainer und erzielten 4,5 Millionen DM Umsatz.

**KONZENTRATION AUF EINE ZIELGRUPPE**

Es hatte ganz den Anschein, als würde sich auch hier eine für die EKS typische Erfolgsspirale drehen: Wachstum in allen Geschäftsfeldern. Dennoch standen wir wenige Monate später mit dem Unternehmen fast vor dem finanziellen Aus. Ironischerweise kann auch diese Entwicklung anhand der EKS-Strategie belegt werden. Über die Jahre hatte ich die Prinzipien der EKS über Bord geworfen. Um den Fehler ganz konkret zu benennen: Statt der Konzentration auf unser Kerngeschäft hatten wir an jeder Front „gekämpft". Wir hatten – einfach ausgedrückt – zu viele Trainingsprogramme angeboten. Neben Verkaufstrainings konnten unsere Kunden auch Seminare zu Themen wie Zeitmanagement, Führung, Organisation, Marketing, Rhetorik, Dialektik, Messe und vieles mehr buchen. Dabei kopierte jeder Trainer die

**MISSERFOLG DURCH VERZETTELUNG**

Programme seiner Kollegen. Dieser Fehler machte mir zum ersten Mal bewusst, dass sich das Erfolgsrad ohne strategische Vorgehensweise auch in die falsche Richtung drehen kann. Erst, als wir den Fehler korrigierten und uns wieder klar auf ein Geschäftsfeld konzentrierten, ging es erneut bergauf.

**Meine Rolle als Autor**
**Phase 5: Innovationsstrategie**

WISSEN VERBREITEN

Um den Bekanntheitsgrad des Unternehmens „Geffroy & Oechsler" zu steigern, schrieb ich mein erstes Buch mit dem Titel „Verkaufserfolge auf Abruf". Das Vorgehen war auch hier wieder engpassorientiert: Verkaufsbücher gab es damals schon wie Sand am Meer; es musste also etwas Neues, etwas Innovatives, sein. Dieses „Neue" orientierte sich gemäß EKS-Strategie am größten Engpass der Zielgruppe der karriereorientierten Verkäufer – und das war die Zeit. Meine Zielgruppe hatte nämlich keine oder nur wenig Zeit, sich durch Hunderte von Buchseiten zu kämpfen, war jedoch trotzdem sehr an neuen Informationen interessiert.

Darauf basierte mein Ansatz: Ich konzipierte mein Buch nach der **Ein-Seiten-Methode**: Zu jedem Thema rund um Akquisition und Abschlusstechniken gab es genau eine Seite mit komprimierten Informationen, die sich ein Verkäufer auch kurz vor einem Kundentermin noch einmal einprägen kann. Jede Seite war in sich abgeschlossen und in weniger als fünf Minuten vom Leser zu erfassen. Pro Seite wurde genau eine Frage gestellt; die konkrete Antwort folgte direkt im Anschluss.

„Verkaufserfolge auf Abruf" wurde damit schnell zum meistgelesenen Verkaufsbuch und steigerte unseren Bekanntheitsgrad enorm. Als Verkaufstrainer erreichte ich dadurch fast eine Art Monopolstellung. Große Firmen wie AEG, Bayer oder Coca-Cola fragten daraufhin unsere Seminare nach.

Später prägte ich meine Bücher mehr und mehr durch meine persönliche Stärke, begeisternd und spannend zu erzählen. Bisher schrieb ich 11 Bücher über die Themen Verkauf, Clienting und Internet. Voraussetzung meines Erfolges als Buchautor waren jedoch die vorangegangenen Phasen der EKS-Strategie: Bewusstsein meiner Stärke, Menschen begeistern zu können, Konzentration auf die Zielgruppe Verkäufer und Kenntnis ihrer Engpassfaktoren.

**AUF TRENDS REAGIEREN**

## Meine Rolle als Verkaufsstratege bei der Firma Rothmann
## Phase 6: Kooperationsstrategie

Durch Phase 6 wurde mir bewusst, dass meine Kräfte durch Bündelung mit denen anderer meinen Erfolg und den meiner Partner verstärken können. Schon seit einigen Jahren stand ich mit einem Verkäufer der Firma Rothmann in Kontakt: Alfred J. Kremer hatte eine erfolgreiche Karriere bei verschiedenen Vertriebsfirmen für Finanzdienstleistungen hinter sich und gehörte zu den klassischen „Hochdruck-Verkäufern". Als er von meinen Ideen zum Thema Clienting erfuhr, nahm er Kontakt mit mir auf. (Auf die von mir entwickelte Clienting-Lehre gehe ich in der nächsten Phase ein.)

**KRÄFTE BÜNDELN – ERFOLG MULTIPLIZIEREN**

1995 war Kremer Koordinator bei Rothmann, einem honorigen Hamburger Emissionshaus, dessen Kunden Geld in Leasingfonds investierten. Dies geschah über Fonds, die von unabhängigen Finanzdienstleistern verkauft wurden. Kremer bat mich um Unterstützung beim Ausbau des Vertriebs mit Hilfe des Clienting-Ansatzes: Es sollte eine Sog-Wirkung entstehen, erzeugt durch einen überragenden Nutzen für die Zielgruppe. Kremer wollte erreichen, dass seine Vertriebspartner die Rothmann-Fonds aus Begeisterung verkauften, und nicht, weil sie unter Druck oder durch Knebelverträge dazu gezwungen wurden.

**SOG STATT DRUCK**

Die Aufgabe reizte mich: Rothmann verfügte über exzellente und hochgelobte Produkte und bot eine willkommene Gelegenheit, um unwiderlegbar zu beweisen, dass Nutzenstrategien erfolgreicher sind als kurzfristiges Gewinnstreben. Also vereinbarten wir eine intensive Zusammenarbeit, die schließlich weit über eine klassische Beratung hinausging.

**EKS IM UNTERNEHMEN**

Nach den Methoden der EKS gingen wir folgendermaßen vor:
▶ Stärken und Spezialgebiet lagen auf der Hand: Es waren die Fonds des Unternehmens.
▶ Die erfolgversprechendste Zielgruppe aus Sicht des Vertriebes waren kleine und mittlere Finanzdienstleister mit 15 bis 300 Mitarbeitern.
▶ Es wurde ein spezielles Rothmann Partner System entwickelt, das auf die Bedürfnisse der Vertriebspartner individuell zugeschnitten wurde. Quasi in Form einer Unternehmensberatung wurden die Partner durch Coaches betreut, die sich als **Erfolgs-Coaches** der einzelnen Vertriebe verstanden. Erfahrungen für den erfolgreichen Aufbau eines Unternehmens im Bereich der Finanzdienstleistung flossen immer wieder automatisch den Partnern zu.

Durch Geffroy-Live-Veranstaltungen wurden auch Anleger und interessierte neue Verkäufer zu beispielhaften Events eingeladen. Auf Seminaren erlernten die Vertriebspartner die Kunst der Selbstorganisation und die Grundlagen der erfolgreichen Mitarbeiterführung. Dabei erfuhren viele von ihnen erstmals, dass es erfolgreicher ist, einem Kunden langfristig einen Nutzen zu bieten, als um jeden Preis das schnelle Geschäft zu machen. Manchmal ist es besser, etwas nicht zu verkaufen, als um jeden Preis Umsatz zu machen.

Die Vertriebspartner und deren Verkäufer reagierten auf das hohe Maß der Nutzenorientierung verständlicherweise erst einmal mit Skepsis. Erst nach vielen Monaten konnten sie die erfolgversprechende Strategie hinter den neuen Prinzipien entdecken.

Rothmann erzielte vor meinem Engagement einen Jahresumsatz in Höhe von 8,5 Millionen Euro, und jetzt – sieben Jahre später – ist die Schallgrenze eines kumulierten Umsatzes von einer halben Milliarde Euro in Sicht. Und auch hier bildete die EKS-Strategie die Basis dieses Erfolges!

## Meine Aufgabe als Businessexperte und Kundenspezialist
## Phase 7: Das konstante Grundbedürfnis

Der von mir Anfang der 90-er Jahre entwickelte Begriff Clienting und die damit verbundene Kernaussage „Clienting ersetzt Marketing" stieß zunächst auf heftigen Widerstand vieler Branchen-Experten. Die Erkenntnis benötigte Zeit. Ich wollte zeigen, wie man den EKS-Gedanken in die Praxis umsetzen kann, um so einen neuen Erfolgsaspekt zu schaffen.

Voraussetzung war einmal mehr, dass ich meine Zielgruppe sehr gut kannte und über deren Engpassfaktoren informiert war. Im Vordergrund stand für mich aber zunächst der Ausbau meiner erreichten Marktposition. Ich ließ **Clienting** als Warenzeichen eintragen und kreierte damit eine Marke.

Durch diesen Schritt wurde ich konkurrenzlos, weil ich das Geschäftsfeld „Kunde" im Bereich der Beratung ausgezeichnet besetzen konnte. Sicher war es auch eine „Tipping-Point-Situation"; das heißt, ich habe zum richtigen Zeitpunkt das Richtige getan – genauso wie z.B. Bodo Schäfer, der den Wunsch der meisten Menschen nach finanzieller Unabhängigkeit erkannt und sein Buch „Der Weg zur finanziellen Freiheit" genau zum richtigen Zeitpunkt veröffentlicht hatte. Er konnte seine Erfahrungen und sein Know-how bei seiner Zielgruppe optimal einsetzen. Ebenso gelang es mir mit Clienting.

Das konstante Grundbedürfnis meiner Zielgruppe war eindeutig: Erfolg. Dieses Grundbedürfnis konnte ich durch Clienting in der Form befriedigen, dass ich der Zielgruppe der Unternehmer einen praktischen und vor allem sehr kostengünstigen Lösungsansatz gab. Ganz besonders der Aspekt der Kosten war dabei entscheidend, denn in der Startphase des Clienting veranschlagte fast jedes Unternehmen ein immens hohes Budget für den Bereich Marketing.

Mit Clienting hatten die Unternehmen aber fortan die Möglichkeit, vollkommen neue Wege zur Kundengewinnung und -bindung einzuschlagen. Der **Partnerschaftsgedanke** war innovativ und erwies sich als ausgesprochen effektiv. Unzählige Unternehmen in Deutschland und dem europäischen Ausland setzen Clienting in der Praxis erfolgreich um und verzeichnen langfristige Erfolge – in erster Linie ein stabiles Umsatzwachstum. Auch hier greift wieder die EKS-Strategie: Das Grundbedürfnis eines jeden Unternehmens, nämlich durch zufriedene Kunden den Umsatz zu halten und im Idealfall zu steigern, erfüllt die Anwendung von Clienting optimal.

**STRATEGIE + MOTIVATION = ERFOLG**

Die EKS-Strategie ist und bleibt wandelbar über jede ihrer Phasen und Einsatzbereiche hinweg. Sie lässt sich auch von Ihnen mit Erfolg einsetzen. Mein eigener und unternehmerischer Lebensweg ist der Beweis und hoffentlich auch Ihre persönliche Motivation!

Den Ausschlag gibt der eigene Antrieb und die innere Kraft, mit der Sie Ihre Ziele in Zukunft verfolgen. Ist diese Überzeugung nicht wirklich vorhanden und der Wille nicht stark genug, so wird ein erfolgreicher Start – auch wenn er auf der EKS-Strategie begründet zu sein scheint – wahrscheinlich schwerfallen.

Mit dem Kauf dieses Buches haben Sie schon den ersten wichtigen Schritt getan, die EKS-Strategie wirksam für sich und Ihr Unternehmen einzusetzen. Ich wünsche Ihnen dabei viel Erfolg!

Ihr Edgar K. Geffroy

# Umsetzungs-Tipps der Autoren

Es gibt wie immer mehrere Möglichkeiten:

1. Sie blättern das Buch durch, gewinnen sicherlich die Erkenntnis, wie wichtig doch eine gute Strategie ist – und tun nichts mehr! Sehr gut: Dann bleiben Sie genau dort, wo Sie jetzt bereits sind – und entwickeln sich mehr oder weniger **zufällig** weiter. Sie wissen jetzt jedoch, warum das so ist.

2. Sie arbeiten das Buch durch und **fangen an**, die EKS-Strategie konsequent anzuwenden. Glückwunsch – weiter so!

3. Die EKS ist ebenso einfach wie schwierig zugleich. Den meisten gelingt es relativ schnell, ihre Zielgruppe und deren brennendstes Problem zu definieren, und bald geht alles wie von selbst. Einige brauchen zahlreiche Anläufe, bis sie den wirkungsvollsten Punkt gefunden haben und endlich „ihre" persönliche **Erfolgsspirale** drehen. Gerade solche Fehlschläge sind wichtige **Lernprozesse** und somit Bestandteil der EKS.

**FOLLOW-UPS**

4. Wenn Sie – gleich, auf welcher Stufe Ihres Erfolgsweges Sie gerade stehen –, Ihr **Strategiekonzept** vertiefen oder **überprüfen** wollen, empfehlen wir Ihnen den ausführlichen ▶ EKS-Lehrgang von Wolfgang Mewes und Kerstin Friedrich. Darüber hinaus unterstützen Sie weitere Hilfsmittel bei der erfolgreichen Anwendung, zum Beispiel der ▶ Strategietrainer oder ▶ EKS-Seminare.

Jeder große und jeder kleine Erfolg hat seine Wurzeln zunächst einmal in uns selbst: was wir denken und fühlen, bestimmt das, was wir erleben. Nutzen Sie die Methodik der EKS, um sich selbst herausfordernde Ziele zum Nutzen Dritter zu setzen. Wenn zur richtigen Strategie die **richtige Einstellung** kommt, ist der Erfolg kaum noch aufzuhalten.

Wir wünschen Ihnen auf Ihrem ganz persönlichen Weg zum Erfolg eine geschickte, glückliche Hand sowie den Mut, anders zu sein als andere, um sich in „Ihrer" **eigenen Marktnische** zu profilieren.

Kerstin Friedrich          Lothar J. Seiwert          Edgar. K. Geffroy

# Maßnahmenplan
## „1x1 der Erfolgsstrategie"

Schon Erich Kästner reimte: „Es gibt nichts Gutes, es sei denn, man tut es." Das Studium dieses Buches wird für Sie nur dann einen nachhaltigen Nutzen haben, wenn Sie daraus entsprechende **Konsequenzen** und **Maßnahmen** ableiten:

**UMSETZUNG**

| Was wollen Sie eingehender **bearbeiten** und konkret **umsetzen**? | | | | | | |
|---|---|---|---|---|---|---|
| **Aktivität** auf Buch-Seite(n) | **Priorität** A B C | **Aktivitäten, Aufgaben, nächste Schritte** | **Start:** geplant für | **Ende:** erledigt bis | **Kontrolle:** umgesetzt? OK |
| 24 – 33 | | Phase 1: Ist-Situation und spezielle Stärken | | | |
| | | | | | |
| | | | | | |
| 34 – 43 | | Phase 2: Erfolgversprechendstes Spezialgebiet | | | |
| | | | | | |
| | | | | | |
| 44 – 53 | | Phase 3: Erfolgversprechendste Zielgruppe | | | |
| | | | | | |
| | | | | | |
| 54 – 63 | | Phase 4: Brennendstes Problem der Zielgruppe | | | |
| | | | | | |
| | | | | | |
| 64 – 73 | | Phase 5: Innovationsstrategie | | | |
| | | | | | |
| | | | | | |
| 74 – 83 | | Phase 6: Kooperationsstrategie | | | |
| | | | | | |
| | | | | | |
| 84 – 93 | | Phase 7: Konstantes Grundbedürfnis | | | |
| | | | | | |
| | | | | | |

**EKS 1x1**

# Literatur und Web-Adressen

### EKS-Basiswerke

**FRIEDRICH, KERSTIN UND**
**MEWES, WOLFGANG**
**(URHEBER DER EKS)**

**EKS-Strategielehrgang.** 20 Lernmodule mit individueller Beratung und EKS Zertifikat. Pfungstadt:
EKS – Die Strategie Wolfgang Mewes GmbH, 1998
Info: www.eks.de

**FRIEDRICH, KERSTIN**

**EKS-Strategietrainer.** Düsseldorf, 2001
Info: www.geffroy.de

### Weiterführende Literatur

**BERATERGRUPPE STRATEGIE &**
**MEWES, WOLFGANG (HRSG.)**

**Mit Nischenstrategie zur Marktführerschaft.** Band 1 und Band 2.
Zürich: Orell Füssli, 2000 und 2001

**BÜRKLE, HANS**

**Aktive Karrierestrategie.** Erfolgsmanagement in eigener Sache.
3. Aufl. Frankfurt / Wiesbaden: FAZ / Gabler, 2001

**BÜRKLE, HANS UND**
**BROGSITTER, B. (HRSG.)**

**Die Kunst sich zu vermarkten.** Ein Bewerbungsratgeber für Ein- und Umsteiger. 4. Aufl. Stuttgart: Schäffer-Poeschel, 1998

**EDERER, GÜNTER UND**
**SEIWERT, LOTHAR J.**

**Der Kunde ist König.** Das 1x1 der Kundenorientierung. Das Strategie-Buch für kundenorientierte Unternehmen. 3. Aufl. Offenbach: GABAL, 2000

**FRIEDRICH, KERSTIN**

**Empfehlungsmarketing.** 3. Aufl. Offenbach: GABAL, 2000

**FRIEDRICH, KERSTIN**

**Erfolgreich durch Spezialisierung.** München: Redline Wirtschaft, 2003

**GEFFROY, EDGAR K.**

**Abschied vom Verkaufen.** Frankfurt / New York: Campus, 1997

**GEFFROY, EDGAR K.**

**Clienting.** Landsberg: moderne industrie, 2000

**GEFFROY, EDGAR K.**

**Das Einzige, was immer noch stört, ist der Kunde.** Landsberg: moderne industrie, 1999

**Ich will nach oben.** Landsberg: moderne industrie, 2000

GEFFROY, EDGAR K.

**Verkaufserfolge auf Abruf.** Landsberg: moderne industrie, 1997

GEFFROY, EDGAR K.

**ZukunftKunde.com.** Landsberg: moderne industrie, 2001

GEFFROY, EDGAR K. (HRSG.)

**Internet für Existenzgründer.** So nutzen Sie das Netz auf dem Weg in die Selbstständigkeit. Frankfurt / New York: Campus, 2001

KLUG, SONJA UND KÖHLER, DOROTHEE

**Simplify Your Life.** Einfacher und glücklicher leben. 10. Aufl. Frankfurt / New York: Campus, 2003

KÜSTENMACHER, WERNER TIKI, MIT SEIWERT, LOTHAR J.

**Rasierte Stachelbeeren.** So werden Sie die Nr. 1 im Kopf Ihrer Zielgruppe. Offenbach: GABAL, 2000

SAWTSCHENKO, PETER UND HERDEN, ANDREAS

**PersönlichkeitsModelle.** Die wichtigsten Modelle für Coaches, Trainer und Personalentwickler. Offenbach: GABAL, 2002

SCHIMMEL-SCHLOO, M., SEIWERT, L., WAGNER, H. (HG.)

**Das Bumerang-Prinzip: Don't hurry, be happy.** In fünf Schritten zum Lebenskünstler. München: Gräfe und Unzer, 2003 (www.bumerang-prinzip.de)

SEIWERT, LOTHAR

**Das Bumerang-Prinzip: Mehr Zeit fürs Glück.** 2. Aufl. München: Gräfe und Unzer, 2003 (www.bumerang-prinzip.de)

SEIWERT, LOTHAR

**Das neue 1x1 des Zeitmanagement.** Zeit im Griff, Ziele in Balance. 25. Aufl. München: Gräfe und Unzer, 2003

SEIWERT, LOTHAR

**Wenn du es eilig hast, gehe langsam.** Das neue Zeitmanagement. 8. Aufl. Frankfurt / New York: Campus, 2003

SEIWERT, LOTHAR J.

**Das 1x1 der Persönlichkeit.** Sich selbst und andere besser verstehen mit dem DISG-Persönlichkeits-Modell. 9. Aufl. Offenbach: GABAL, 2002

SEIWERT, LOTHAR J. UND GAY, FRIEDBERT

**Lifetime-Management.** Mehr Lebensqualität durch Work-Life-Balance. Offenbach: GABAL, 2002

SEIWERT, LOTHAR J. UND TRACY, BRIAN

### Web-Adressen zur EKS

| | |
|---|---|
| WWW.DARWIN-STRATEGIE.DE | Homepage von Dr. Kerstin Friedrich |
| WWW.EKS.DE | Infos zum EKS-Fernlehrgang mit individueller Betreuung |
| WWW.GEFFROY.DE | Clienting, EKS und Strategietrainer |
| WWW.KARRIEREPLUS.DE | EKS-Karriereberatung |
| WWW.SEIWERT.DE | Time-Management, Life-Leadership®, Erfolgs-Strategien |
| WWW.STRATEGIE.NET | Service-Büro und Netzwerk von EKS-Anwendern |
| WWW.STRATEGIEERFOLG.DE | Informationen der Beratergruppe Strategie für den Mittelstand |
| WWW.WOLFGANGMEWES.DE | Urheber der EKS |

# Notizen

Wir wollen uns spezialisieren. Wir sind Marktführer – wie geht's jetzt weiter? Sollen wir diversifizieren? Sollen wir kooperieren? Und wenn ja, mit wem? Wir wollen mehr über EKS wissen. Wir wollen die Nr. 1 auf dem Markt werden. **www.darwin-strategie.de** Wo liegt unser Innovationsbedarf? Um welche Zielgruppen sollen wir uns besonders kümmern? Was wollen unsere Kunden wirklich? Wie können wir uns von den Mitbewerbern abheben? Wie kommen wir raus aus dem Preiskampf? Wir wollen Marktführer werden und bleiben. Wir wollen uns spezialisieren – aber worauf? Wir wollen mehr über EKS wissen. Sollen wir diversifizieren? Sollen wir kooperieren, und wenn ja, mit wem? Wo liegt unser Innovationsbedarf? Wie werden wir Nr. 1? **Dr. Kerstin Friedrich Strategieberatung** Um welche Zielgruppen sollen wir uns speziell kümmern? Wem sollen wir einen besonders großen Nutzen bieten? Wie kommen wir raus aus dem Preiskampf? Wir sind Marktführer – wie geht's jetzt weiter? Wie werden wir Marktführer? Wir wollen uns spezialisieren – aber worauf? Wie werden wir die Nr. 1?

*„Wer mit bescheidenen Mitteln die richtigen Dinge tut, wird mehr erreichen als einer, der mit aller Kraft an den falschen Aufgaben arbeitet. Die Kunst, diese Einsicht in die Tat umzusetzen, nennt man Strategie."*

# Die EKS-Strategie zur Nr. 1

Mit dem „Kleinen 1x1 der Erfolgsstrategie" haben Sie den ersten Schritt zur strategischen Planung Ihres Unternehmens gemacht. Wenn Sie die EKS® konsequent für sich weiterentwickeln und umsetzen, wird dies zu Ihrem persönlichen Erfolgsschlüssel!

*Ihr Edgar K. Geffroy*

Wir informieren Sie gerne unverbindlich über weiterführende Lehrreihen und Angebote zum Thema EKS®:

◆ Der original EKS®-Strategie-Trainer zeigt Ihnen ausführlich auf fast 600 Seiten die Entwicklung und Anwendung Ihrer eigenen Erfolgsstrategie. Sie erhalten über eine kompetente Einführung in die Methodik der EKS®-Lehre hinaus ausführliche Anleitungen mit aktiven Arbeitsbereichen, Checklisten und Kontrollabschnitten sowie viele Praxisbeispiele in Form von Fallstudien zu jeder Phase der EKS®-Strategie.

◆ EKS®-Strategie-Tag: Erleben Sie den Business-Experten Edgar K. Geffroy live in einem Seminar rund um die Erfolgsstrategie und Human Business! EKS® pur!

◆ EKS®-Workshop: Das ausführliche Training zum Thema EKS®.

  Als offene Workshops sowie Inhouse-Workshops speziell auf Ihr Unternehmen ausgerichtet.

◆ Vorträge und KeyNotes zum Thema EKS® mit Edgar K. Geffroy.

Bitte kopieren und faxen Sie diese Seite *MIT ANGABE IHRES NAMENS UND IHRER KONTAKTADRESSE* an das Team Geffroy.

---

Geffroy & Partner GmbH, Arnheimer Straße 142, 40489 Düsseldorf
Telefon: +49 (0) 211.40 80 97.0, **Telefax: +49 (0) 211.4 79 03 57**
E-Mail: team@geffroy.de, Internet: www.geffroy.de

# „Ihre Strategie ist falsch!"

## Haben Sie eigentlich je über Ihre Strategie, also wie Sie Ihre Fähigkeiten, Kenntnisse und Kräfte am wirkungsvollsten einsetzen, konsequent nachgedacht?

Sie können arbeiten, lernen, produzieren und investieren, soviel Sie wollen. Solange Sie nicht über die richtigen Strategien verfügen, werden Sie sich weiter verzetteln und Energien verschwenden. Super-Erfolgreiche verdanken ihren Erfolg meist der Tatsache, dass sie – bewusst oder unbewusst – nach einer ganz bestimmten Strategie vorgegangen sind.

### Die richtige Strategie entscheidet über Erfolg oder Misserfolg!

Mit der richtigen Strategie gelangen Sie zu konkurrenzloser Spitzenleistung. Und das, ohne Ihre Anstrengungen zu vergrößern. Wer die Wirkungsweise der EKS-Strategie begriffen hat, erzielt fast schlagartig mit den gleichen Kräften wie zuvor ein Vielfaches an Wirkung. Lassen Sie keinen weiteren Tag vergehen und nutzen Sie die nachweisbaren Wirkungen der EKS. Denn EKS ist

die Erfolgs-Strategie, die jeder lernen und anwenden kann. EKS gibt Ihnen in jeder Situation die nötige Entscheidungssicherheit. Ein Handwerkszeug, das Ihnen zum Erfolg verhilft.

Fordern Sie deshalb noch heute die EKS-Broschüre „Das Geheimnis der richtigen Erfolgs-Strategie" an. Sie erhalten die Broschüre natürlich kostenlos und unverbindlich.

**Jetzt gratis anfordern** — Das Geheimnis der richtigen Erfolgs-Strategie

### Informieren Sie sich noch heute!

EKS Die Strategie
Wolfgang Mewes GmbH
Abt. EB 610
Gutenbergstraße 2
64319 Pfungstadt

**EKS®**
DIE STRATEGIE

**Telefon: 0 61 57/80 64 06**
**Telefax: 0 61 57/80 64 02**

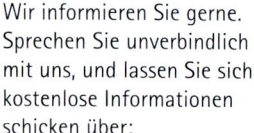